Liberto Ercoli – Salvador La Malfa

TEORIA Y PRACTICA DEL BALANCEO DE ROTORES INDUSTRIALES

2002

LIBRERIA Y EDITORIAL ALSINA

Paraná 137 - (C1017AAC) Buenos Aires
Telefax (054)(011) 4373-2942 y (054)(011) 4371-9309
ARGENTINA

Queda hecho el depósito que establece la ley 11.723
Buenos Aires, 2002

Fotografía de Tapa:

Máquina balanceadora blanda, con capacidad para rotores de hasta 5 Ton y 3 m de longitud entre puntas, con sistema de impulsión dual (motor eléctrico y correa o motor a explosión y correa o cardan), con sistema indicador de fase wattimétrico o digital). En este caso balanceando un compresor General Electric de ocho etapas y 1,9 Ton de peso.

Teoría y práctica del balanceo de rotores industriales

Liberto Ercoli - Salvador La Malfa

1a ed. Ciudad Autónoma de Buenos Aires.

Librería y Editorial Alsina, 2013.
72 p. ; 20x14 cm.

ISBN 978-950-553-244-5

Fecha de catalogación: 30/05/2013

SUMARIO

El presente trabajo introduce al lector en la naturaleza del desbalanceo de rotores industriales describiendo conceptos físicos, técnicas y equipos utilizados para realizar equilibrado estático y dinámico en dichos elementos. Está dirigido principalmente a ingenieros y técnicos de mantenimiento de plantas industriales, aunque puede ser tomado también como base para aplicaciones docentes.

Teniendo en cuenta la escasa disponibilidad de textos específicos y actualizados sobre este tema, especialmente en idioma castellano, se presenta una recopilación bibliográfica de magnitud, así como también resultados de investigaciones originales realizadas por los autores.

PRÓLOGO

Cada vez que en Argentina se edita un libro, nuestra cultura avanza. Si además, ese libro se refiere a temas de la ingeniería, se está consolidando una disciplina intelectual que hace a la calidad de vida de los argentinos.

Por esta causa, el trabajo de los calificados educadores e investigadores Liberto Ercoli y Salvador La Malfa constituye un hecho promisorio. La obra trata un tema particular de la ingeniería mecánica, que como sabemos, es pilar de muchos logros tecnológicos de nuestros dias. Desde Leonardo Da Vinci -que nos asombró con sus geniales creaciones, en adelante- los ingenieros mecánicos han creado elementos con un grado de perfeccionamiento impresionante. Muchas de esas creaciones se han incorporado a nuestra vida diaria con tal simplicidad, que pasan desapercibidas. Su valor intelectual no causa asombro, pese al altísimo valor de su concepción.

Esta obra tiene el particular atractivo de tratar un tema que -aunque siempre presente en todo mecanismo rotante, como es el balanceo de los rotores- penetra con elegancia, simplicidad y sentido pedagógico en su teoría y en su faz exprimental. Se ajusta también a las normalizaciones hoy tan severas con que la ingeniería mecánica resuelve sus problemas de calidad. El tratamiento matemático de los hechos físicos involucrados -base de la teoría necesaria- no es agobiante y permite ser atendido por los diversos niveles de instrucción con que cuente el lector. Se observa además, que los autores han experimentado suficientemente los hechos, como para poder aplicar sus conclusiones, dándoles forma práctica y originalidad.

Prof. Ing. Marcelo Antonio Sobrevila
Miembro de la Academia Nacional de Educación
Buenos Aires - Argentina

TABLA DE CONTENIDOS

1.- Introducción

La condición de funcionamiento de las máquinas se deteriora progresivamente con el transcurso del tiempo de operación. Este fenómeno está casi siempre acompañado por un incremento de las vibraciones, lo cual a su vez, actúa realimentando el proceso de deterioro. Las mediciones de los niveles vibratorios reflejan estos cambios y han probado ser un indicador muy preciso y confiable del estado de las máquinas. Por tal motivo, el seguimiento de las magnitudes vibratorias se utiliza modernamente como una herramienta para el monitoreo del estado de salud de las máquinas, dando lugar a los fundamentos del **Mantenimiento Predictivo** [1].

El **desbalanceo** de partes móviles es, por lejos, la causa más común del incremento de las vibraciones en las máquinas y estructuras de soporte. Por esta razón, el ingeniero o técnico de planta responsable del mantenimiento mecánico debe prestar especial atención a este fenómeno, el cual, por otra parte, no es comúnmente incluido en su formación académica a través de las materias curriculares de sus carreras, dando lugar a un déficit crónico de conocimientos en esta materia.

Como una causa más que coadyuva al empeoramiento de la situación descripta anteriormente, podemos citar el hecho de que no es común observar textos o tratados específicos sobre el tema en las librerías técnicas, los que sólo son provistos en forma casi exclusiva y con escasa circulación por empresas industriales dedicadas a la fabricación de máquinas de balanceo [2-3]. Por el contrario, es posible encontrar textos de extraordinario valor en el campo de la Mecánica, los cuales tratan el balanceo de rotores como un capítulo más dentro de sus contenidos, pero que generalmente no brindan la profundidad ni extensión necesarias como para permitir una adecuada capacitación práctica del lector en este tema puntual, pudiendo citarse, sólo a modo de ejemplo, las clásicas Referencias 4 a 6.

Es interesante reproducir aquí el pensamiento de Hatto Schneider en la Referencia 3:

> *"Para otros procesos de fabricación , como por ejemplo el torneado, es muy normal especificar la máquina herramienta, la velocidad de corte, la alimentación de material, la profundidad de corte y el tiempo por pieza. No así en el caso de balanceo, donde generalmente todo se deja librado al*

operador de la máquina balanceadora o al capataz, quien, sobre la base de su experiencia, debe decidir qué hacer y cómo hacerlo. Esto se debe principalmente al hecho de que, a pesar de toda la información diseminada y al trabajo de estandarización hecho por ingenieros y técnicos en los pasados 20 años en este campo el conocimiento básico sobre balanceo no ha llegado generalmente a estar disponible hasta este momento".

Este bache informativo es cubierto en gran medida por los especialistas a través de dos fuentes:

a) *los trabajos o comunicaciones científico-técnicas en revistas y congresos*, y

b) *publicaciones de carácter técnico de grandes empresas fabricantes de equipamiento para balanceo y medición de vibraciones mecánicas.*

La primera de ellas constituye una invalorable fuente de información profesional pero, tratándose generalmente de publicaciones muy específicas y dispersas, son muy difíciles de conseguir. Constituyen algunos ejemplos de estas comunicaciones las Referencias 7 a 12. La segunda fuente es quizás la más accesible al ingeniero o técnico de planta, presentándose generalmente a un nivel adecuado y en la mayoría de los casos con desarrollos metodológicos muy ligados con los productos que se desean vender; ejemplos de ello son las Referencias 13 a 19

Por último, cabe citarse el extraordinario trabajo que han realizado los organismos de racionalización de distintos países, los que norman sobre el tema haciendo posible la unificación de conceptos y la determinación de límites y tolerancias adoptados universalmente. Como ejemplo citamos aquí las Referencias 20 a 22. La Referencia 23 constituye un compendio de normas de diversos entes, brindando un rápido acceso a sus resúmenes por medio de título, tema, autores, organismos y palabras claves.

En los últimos años, estas formas de acceso a las normas han quedado superadas por la generalización del ingreso sencillo y rápido a los sitios de los organismos normativos en Internet, cada vez más completos y amigables, con sistemas de compra electrónica segura en línea y veloz provisión de la información.

El presente trabajo tiene como meta principal el presentar un tratamiento del tema en forma global, con criterio integrador, tratando de contribuir a la superación de la dispersión antes mencionada.

Se comienza con el tratamiento de temas conceptuales, avanzando luego en profundidad hacia las técnicas de balanceo aplicadas en la práctica, con especial énfasis al equilibrado en uno y dos planos de corrección (estático y dinámico respectivamente). Asimismo, se presentan comunicaciones originales de los autores publicadas en revistas y resúmenes de congresos.

El trabajo está dirigido a ingenieros y técnicos de mantenimiento de plantas industriales, por lo que se trata de presentar los conceptos de orden físico sin recurrir a sofisticadas demostraciones matemáticas. Los temas están desarrollados en forma tal que resulten accesibles a quienes tienen la misión de "hacer que la planta camine" aunque, cuando se ha considerado necesario, se ha procedido a brindar demostraciones de algún grado de complejidad para quienes tengan interés en profundizar los conceptos.

Por último, sin efectuar alarde de originalidad, los autores reivindican para este trabajo el mérito de brindar una fuente introductoria de desarrollo intensivo del tema, en la cual se ha volcado la experiencia teórica y práctica de muchos años de dedicación profesional.

2.- ¿Qué es el desbalanceo?

Evacuaremos la pregunta del título partiendo de la definición para desbalanceo de maquinaria rotante que suministra ISO [19]:

"Es la condición que existe en un rotor cuando un movimiento o fuerzas vibratorias son impartidas a sus cojinetes como resultado de la existencia de fuerzas centrífugas".

En realidad, las fuerzas centrífugas de desbalanceo son el resultado de una distribución asimétrica de la masa del rotor con respecto a su eje de rotación.

Existen diversas razones por las cuales un rotor industrial jamás posee una distribución de materia simétrica con respecto a su eje de rotación.

Estas pueden ser originadas principalmente por:

- *Inconsistencia del material.* Algunas de las causas más comunes son la porosidad del material y agujeros por sopladuras en fundiciones.
- *Descentrado del eje de maquinado:* piezas maquinadas con el centro de gravedad desplazado con respecto al eje de cojinetes (eje de rotación).
- *Falta de simetrías:* generalmente debidas a limitaciones en los procesos de diseño y/o fabricación.
- *Diferencias dimensionales de contrapartes.* Por ejemplo un eje cuyo diámetro es menor en algunos micrones que el agujero correspondiente del rotor a ser montado.
- *Flexión del eje:* El rotor gira fuera del eje de cojinetes.
- *Errores de maquinado:* Por ejemplo un rotor torneado en un torno cuya contrapunta se encuentra apenas desplazada del centro del plato.
- *Errores de armado:* Un elemento balanceado puede ser montado en un eje también balanceado y tener como conjunto un alto desequilibrio resultante. Esto ocurre principalmente por desplazamientos de masas luego del armado.

La verdadera significación del desbalanceo es impuesta por la magnitud de los daños que las fuerzas por él generadas producen sobre la máquina y su estructura de soporte. Los resultados típicos del desbalanceo excesivo son las fallas prematuras de cojinetes y acoplamientos, rápido desgaste de ejes y daños estructurales. Las roturas de ejes, álabes de turbinas y otros componentes del rotor causadas por desbalanceo suelen resultar en la destrucción completa de las máquinas.

Las vibraciones generadas por fuerzas de desbalanceo pueden transmitirse a través de pisos, paredes, vigas y tuberías de una instalación edilicia afectando los equipos y personas ubicados en otros lugares del edificio. Estas vibraciones constituyen también una fuente de ruido excesivo que puede resultar molesto y posiblemente dañino para los oídos de las personas, además de perjudicar las comunicaciones de todo tipo. Por otra parte en la mayoría de los procesos industriales de fabricación las vibraciones causadas por desbalanceo afectan negativamente la calidad del producto procesado por la máquina.

Habiendo introducido el concepto de desbalanceo conviene definir en forma precisa en qué consiste el proceso denominado **balanceo**. Por lo común, el rotor gira sobre los cojinetes con un desbalanceo de magnitud y ubicación desconocidas, requiriéndose para la determinación de ambos parámetros un procedimiento experimental en el cual, por medio de simples pruebas, se le hace revelar al cuerpo la configuración de su desbalanceo. Así, el balanceo es el proceso de determinación de la magnitud y posición angular del desbalanceo en el rotor, ya sea en uno o más planos de referencia, de manera tal que pueda quitarse peso en la ubicación del punto pesado o agregarse una cantidad de peso igual exactamente opuesta al punto liviano.

De acuerdo a la definición anterior, los objetivos fundamentales de un proceso de balanceo son:

a) *Determinar hasta qué punto se ha logrado el objetivo de mantener los cojinetes libres de fuerzas centrífugas durante la construcción de una máquina*, y

b) *Determinar dónde y cómo debe llevarse a cabo una compensación de masas del rotor para mejorar su funcionamiento.*

Las principales ventajas que se pueden obtener mejorando la calidad del balanceo de un elemento rotante en términos de sus consecuencias sobre la maquinaria son:

- Disminución de la probabilidad de fallas por fatiga.
- Reducción del desgaste interno de sellos y cojinetes.
- Disminución de la transmisión de vibraciones a fundaciones y, por lo tanto, del ruido propagado al medio circundante.
- Reducción de los requerimientos de robustez estructural, con el consiguiente ahorro de material.
- Crecimiento de la vida útil.

3.- Cantidad de desbalanceo

A los fines prácticos, resulta de interés la cuantificación del desbalanceo. Consideremos para ello el caso simple constituido por un disco delgado de masa M, homogéneo, de radio R, simétrico respecto de su eje de rotación pasante por el punto O, como se muestra en la Figura 1. Supongamos que se agrega una masa m [gr.], pequeña comparada con el disco, y separada por una distancia r [mm] del centro O. En estas condiciones el disco se encuentra desbalanceado. La fuerza centrífuga generada por la masa m cuando el disco gira con velocidad angular ω [rad/seg], estará dada por el vector:

$$\vec{F} = m \, \omega^2 \, \vec{r} \qquad (1)$$

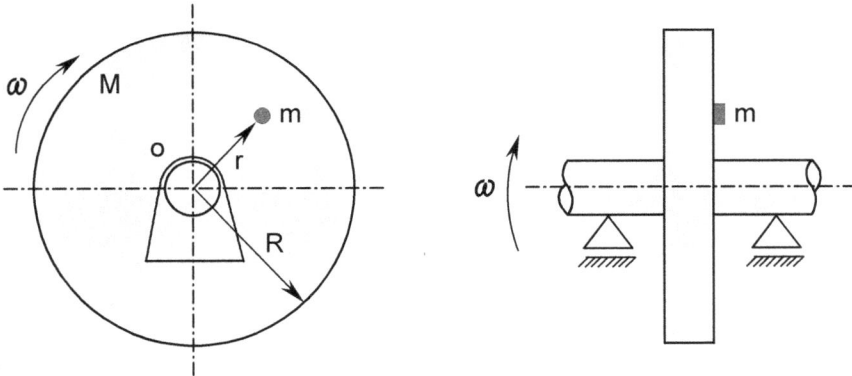

Figura 1: Disco rotante desbalanceado

Dado que su magnitud es función de la velocidad instantánea, esta fuerza no constituye un parámetro adecuado para caracterizar el estado de equilibrio dinámico de un cuerpo. Por tal motivo, se define como *cantidad de desbalanceo*, o simplemente **desbalanceo** a la magnitud vectorial:

$$\vec{U} = m \, \vec{r} \qquad \text{[gr.mm]} \qquad (2)$$

cuyo módulo $U = m \, r$ es independiente del tiempo.

En la práctica, suele emplearse como parámetro de cuantificación de la cantidad de desbalanceo, una cantidad que es función de la masa del rotor M en lugar de m. En efecto, si se igualan la fuerza centrífuga $\vec{F}$ con la que se generaría suponiendo que el disco balanceado girara con una excentricidad del centro de masa respecto del centro de rotación (Figura 2) se obtiene:

$$m \, \omega^2 r = M \, \omega^2 \varepsilon \tag{2}$$

de donde:

$$\varepsilon = \frac{m \, r}{M} = \frac{U}{M} \qquad \text{[mm]} \tag{3}$$

Se observa que representa el *desbalanceo específico* (por unidad de masa) del rotor y constituye un parámetro particularmente útil para propósitos de referencia y comparación, ya que en la práctica los efectos del desbalanceo dependen de la masa M del rotor.

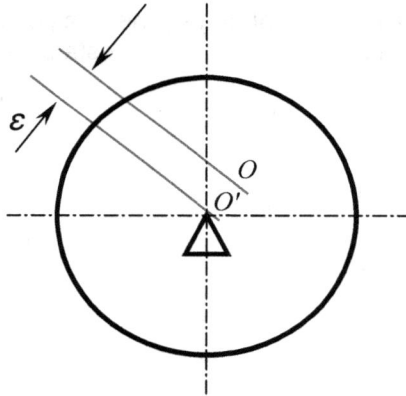

Figura 2: Disco descentrado; O: centro de masas; O': centro de giro

4.- Tipos de balanceo

Teniendo en cuenta las características del rotor a balancear, pueden distinguirse principalmente tres tipos de balanceo:

1. *Balanceo estático*
2. *Balanceo dinámico*
3. *Balanceo de ejes flexibles*

Como se verá en los siguientes apartados, el tipo de balanceo a efectuarse sobre un rotor depende de la clase de desbalanceo que posea y de sus características físicas.

El proceso puede realizarse sobre la máquina (en condiciones operativas) o con el rotor fuera de la máquina. En el primer caso el balanceo se denomina "en el lugar" o "in-situ" [12] y ofrece, cuando es posible realizarlo, las siguientes ventajas comparativas:

- Elimina la tarea costosa y de gran consumo de tiempo de desmantelar la máquina para extraer el rotor, permitiendo el retorno a las condiciones operativas en un tiempo mínimo.

- Se realiza sobre el rotor completamente armado y compensa el desbalanceo introducido por el agregado de poleas, acoplamientos, engranajes y otros componentes.

- Se realiza a la velocidad de operación y compensa deformaciones menores de la deflexión del eje.

- Se realiza en su ambiente natural, compensando los efectos de temperatura, presión y fuerzas aerodinámicas e hidráulicas.

5. Clasificación de los desbalanceos

Según sea la separación relativa entre el <u>eje principal de inercia</u> [1] y el <u>eje de rotación</u> del cuerpo, los desbalanceos pueden agruparse en cuatro categorías.

1. *Desbalanceo estático*
2. *Desbalanceo de cupla*
3. *Desbalanceo cuasi-estático*
4. *Desbalanceo dinámico*

Dependiendo de cuál de estos cuatro tipos de balanceo posea, puede ser necesario efectuar el balanceo del rotor en un único plano de corrección, en dos o en más.

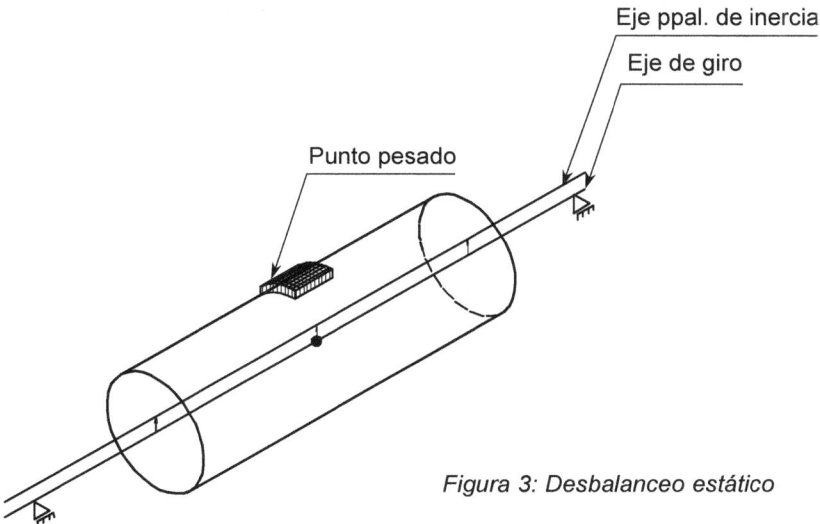

Figura 3: Desbalanceo estático

---

[1] La distribución de la materia de un cuerpo con respecto a tres ejes ortogonales queda definida por nueve cantidades denominadas momentos de inercia y momentos centrífugos, según se trate de referirlas a los ejes o a los planos coordenados respectivamente. Los ejes para los cuales los momentos centrífugos son nulos se denominan ejes principales de inercia. Desde el punto de vista físico pueden definirse como ejes respecto de los cuales la masa del cuerpo se encuentra simétricamente distribuida y alrededor de los cuales éste giraría si estuviera libre en el espacio.

En el **desbalanceo estático** el eje principal de inercia se encuentra desplazado en forma paralela del eje de rotación, como se observa en la Figura 3 en la cual, con el fin de una mejor visualización del problema, se ha supuesto un rotor perfectamente balanceado con un desbalanceo aportado exclusivamente por un peso agregado.

Dado que la única fuerza actuante en este caso es la gravedad, este tipo de desbalanceo puede ser detectado colocando el rotor sobre un par de guías o cuchillas paralelas. El lado pesado del mismo buscará permanecer hacia abajo. Para proceder a su equilibrado puede agregarse (o extraerse, según convenga) un peso de corrección, con lo que el rotor estará estáticamente balanceado cuando deje de girar sobre las guías cualquiera sea la posición en que se lo coloque sobre las mismas.

Este desbalanceo se corrige equilibrando sobre un único plano de corrección (transversal al eje de rotación), siendo importante que éste pase por el centro de gravedad G del rotor ya que, en caso contrario, el punto pesado original y el peso de corrección colocados en distintos planos producirán una cupla originada por sus fuerzas de inercia al rotar dando lugar a otro tipo de desbalanceo y, sin embargo, el rotor se encuentra estáticamente balanceado. Esta clase de desequilibrio se encuentra comúnmente en rotores de muy pequeño espesor o "tipo disco".

El **desbalanceo de cupla** se produce cuando el eje principal de inercia intersecta al eje de rotación en el centro de gravedad.

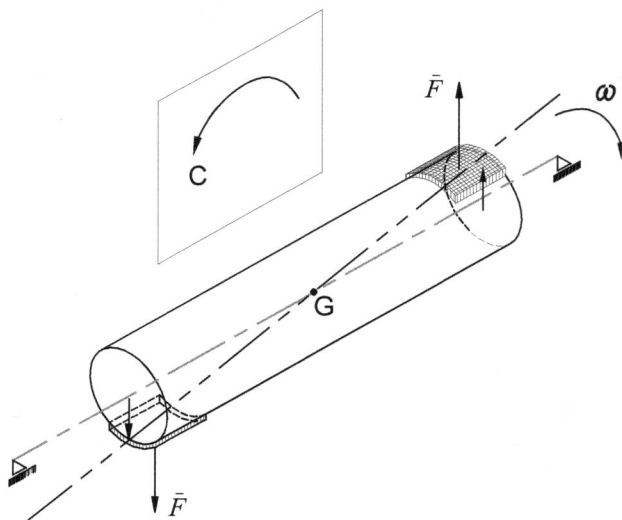

Figura 4: Desbalanceo de cupla

Como se ha ilustrado en la Figura 4 este tipo de desbalanceo puede idealizarse como generado por un punto pesado en cada extremo del rotor situados en lados opuestos con respecto al eje axial.

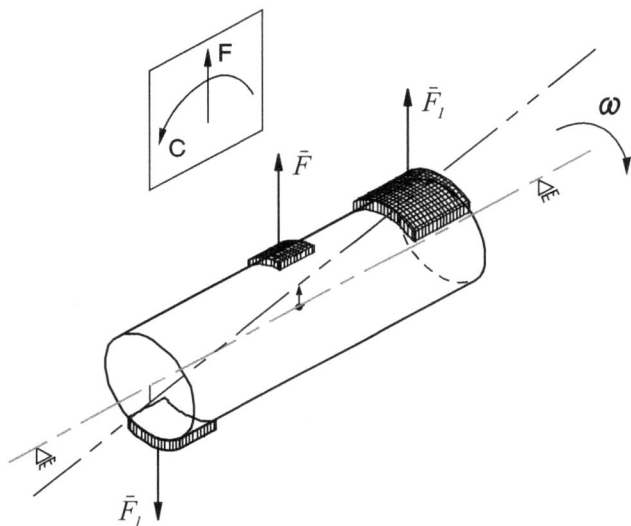

Figura 5: Desbalanceo cuasi-estático

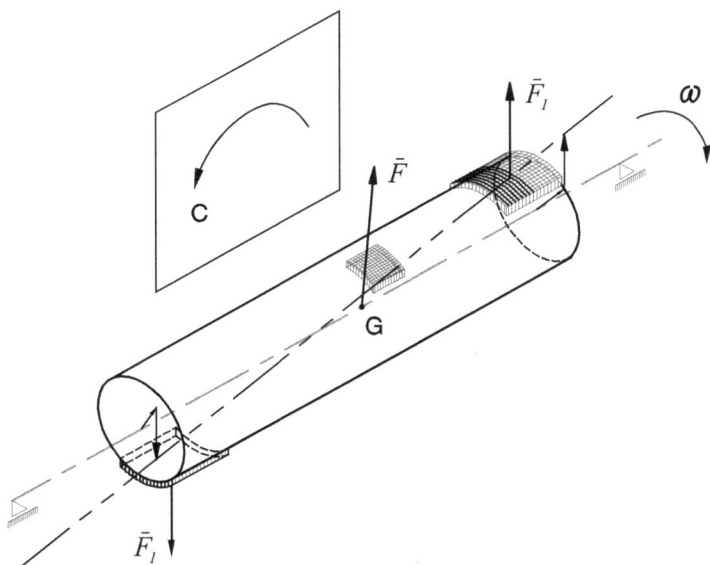

Figura 6: Desbalanceo dinámico

Contrariamente al caso anterior, el desbalanceo de cupla no puede detectarse colocando el rotor sobre guías, ya que sólo se manifiesta con la rotación y debe ser eliminado efectuando correcciones en dos planos.

En el **desbalanceo cuasi-estático** el eje principal de inercia intercepta al eje de giro en un punto que no es el centro de gravedad. Este tipo de desbalanceo puede pensarse como una combinación de los dos anteriores y en el cual el desequilibrio estático se encuentra en el mismo plano que la cupla, plano éste que contiene al eje de giro, como se ilustra en la Figura 5.

El **desbalanceo dinámico** es aquel en el cual el eje principal de inercia y el eje de rotación son alabeados (no poseen ningún punto de contacto). La figura 6 ilustra esquemáticamente este caso, el cual constituye el tipo de desequilibrio más común en la práctica.

Como puede observarse, el desbalanceo estático no se encuentra en el mismo plano que la cupla, dando como resultado un desplazamiento en forma no paralela del eje principal de inercia con respecto al eje de giro.

Para rotores suficientemente rígidos [2] este tipo de desbalanceo sólo puede ser eliminado efectuando correcciones en dos planos. En el caso de rotores que cambian su forma con la velocidad de giro, denominados flexibles [3], es necesario corregir en varios planos según sea la forma modal correspondiente a la velocidad de trabajo.

En los próximos apartados estudiaremos con detenimiento los procedimientos para corregir cada uno de estos desbalanceos.

---

[2] La Referencia 20 expresa que *"un rotor es considerado rígido cuando puede ser equilibrado en dos planos cualesquiera (seleccionados arbitrariamente) y, luego del equilibrado, su desbalanceo no excede significativamente las tolerancias de desbalanceo (relativas al eje de rotación) a cualquier velocidad hasta la máxima de desbalanceo (relativas al eje de rotación) a cualquier velocidad hasta la máxima de operación y cuando trabaja bajo condiciones que se aproximan mucho a las del sistema de soporte final"*. Desde un punto de vista más práctico, la Referencia 24 expresa: *"De la experiencia, un rotor puede ser considerado rígido si su velocidad de rotación se encuentra por debajo de 1/3 de su primera velocidad crítica de flexión"*.

[3] La misma Referencia 20 expresa que un rotor flexible es aquél que no satisface la definición anterior.

6. Equilibrado de rotores rígidos

La Referencia 13 proporciona una guía para establecer cuántos planos de balanceo se requieren para un rotor determinado. Sugiere que el número de planos de corrección debe determinarse basándose en la relación longitud a diámetro (L/D) del rotor. Esta relación se calcula utilizando exclusivamente las dimensiones del rotor, excluyendo las del eje de soporte. La Figura 7, muestra una tabla de selección del número de planos de corrección. Puede observarse que para rotores que poseen relaciones (L/D) menores que 0,5 y velocidades de trabajo de hasta 1000 RPM normalmente resulta suficiente el balanceo en un único plano. Por encima de 1000 RPM se requiere usualmente el balanceo en dos planos. Para rotores que posean relaciones L/D mayores que 0,5 se requiere balanceo en un plano hasta 150 RPM y en dos planos para velocidades mayores.

	Relación L/D	Balanceo	
		Un Plano	Dos Planos
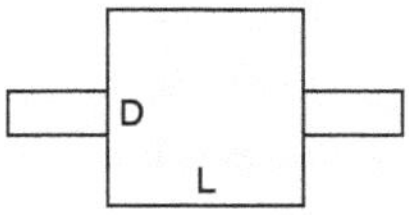 D L	< 0,5	Hasta 1000 RPM	Más de 1000 RPM
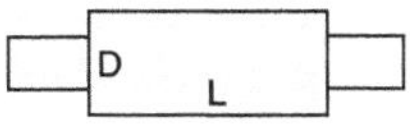 D L	> 0,5	Hasta 150 RPM	Más de 150 RPM

Figura 7: Criterios sugeridos para la elección del número
de planos de corrección en rotores rígidos [13]

Es importante mencionar que este procedimiento de selección es sólo una guía y por consiguiente no debe tomarse como regla. Dado que la misión del balanceo es minimizar las fuerzas en los cojinetes del rotor, si éstas no pueden ser suficientemente reducidas con un balanceo en un plano necesariamente deberá procederse con un balanceo en dos planos, sea cual fuese la relación L /D y la velocidad de rotación.

6.1 Balanceo en un plano

Este tipo de balanceo tiene su aplicación más frecuente en rotores tipo disco, en los cuales la masa se encuentra distribuida en un plano. Como ejemplos de esta clase de rotores pueden citarse los ventiladores axiales simples, ruedas de molinos, sopladores, etc.

6.1.1 Análisis teórico-práctico de la máquina de balanceo en un plano

La Figura 8 muestra esquemáticamente una máquina de balanceo en un plano construida para efectuar investigaciones experimentales sobre rotores de pequeños diámetros [25].

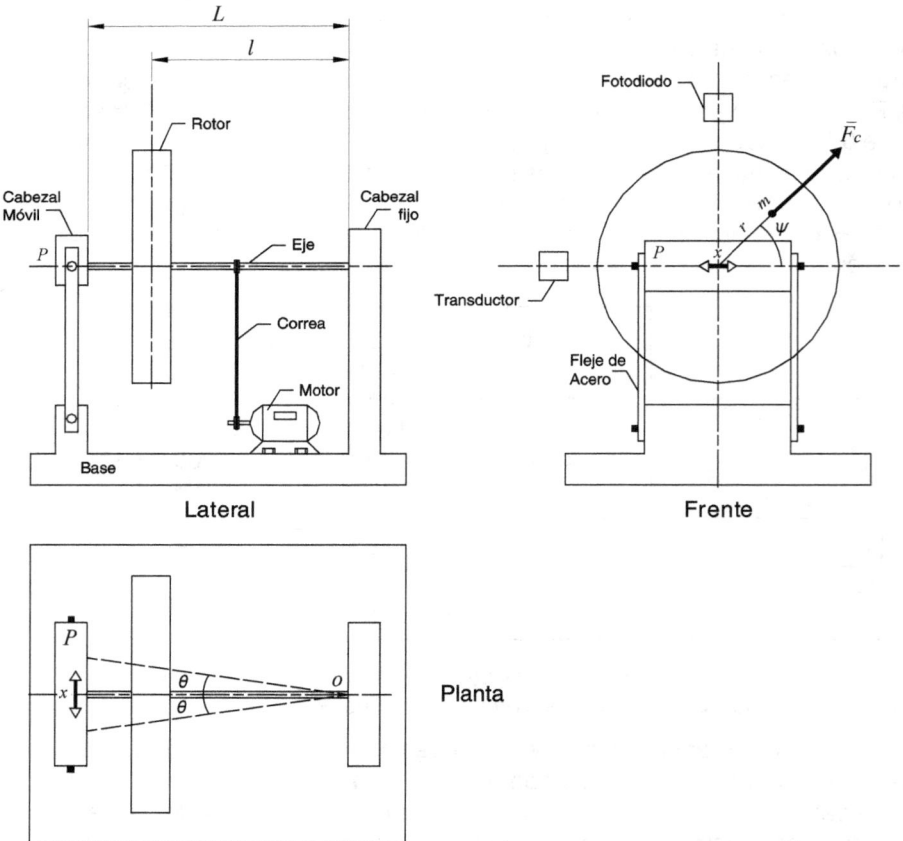

Figura 8: Vista esquemática de la balanceadora en un plano.

Un sistema mecánico de este tipo puede ser considerado como de un grado de libertad, en el cual la única coordenada necesaria para determinar su configuración es el ángulo θ.

Consideremos un rotor perfectamente balanceado rotando a una velocidad angular constante $\omega = \dot{\psi}$ donde ψ es el ángulo que define la dirección de la excitación con respecto al plano de oscilación y (ω) indica derivada con respecto al tiempo: $d(\psi)/dt$. Supongamos que el rotor gira con una masa m localizada a una distancia r de su centro, la cual produce una fuerza centrífuga de desbalanceo F_c como se indica en la Figura 8.

La componente horizontal de F_c causará que el sistema oscile alrededor del punto fijo O con una velocidad angular $\dot{\theta}$. Empleando la ley de Newton aplicada a cuerpos rígidos en rotación:

$$\sum_i M_i^{(o)} = I_o \ddot{\theta} \qquad (5)$$

puede establecerse el modelo matemático aproximado correspondiente. En (5), el miembro de la izquierda representa la suma de los momentos de las fuerzas actuantes con respecto al punto fijo O, I_O es el momento de inercia del rotor con respecto a un eje normal al plano del movimiento pasante por O y $\ddot{\theta}$ es la aceleración angular del rotor en su movimiento alrededor de O.

Las fuerzas presentes en el sistema y que contribuyen con un momento con respecto a O, son:

a) La componente horizontal de F_c :

$$F_c^H = m\,\omega^2 r\,\cos\psi$$

cuyo momento con respecto a O es:

$$M^{(o)}_{F_c^H} = m\,\omega^2 r\,l\,\cos\psi \qquad (6)$$

b) La fuerza restauradora de los flejes de acero:

$$F_f = -K\,x$$

donde K es la constante elástica de los flejes y "x" el desplazamiento horizontal del cabezal P de la máquina, y cuyo momento con respecto a O es:

$$M^{(o)}_{F_f} = -K\,L\,x = -K\,L^2\theta \qquad (7)$$

ya que para desplazamientos pequeños es: $x = L\,.\theta$

$$F_a = -c\,L\,\dot{\theta}$$

donde c es el coeficiente de amortiguamiento viscoso y

$$M_{F_a}^{(o)} = - c \, L^2 \dot{\theta} \tag{8}$$

Reemplazando las ecuaciones (6), (7) y (8) en la (5), se obtiene la ecuación diferencial del movimiento:

$$I_o \ddot{\theta} + c \, L^2 \dot{\theta} + K \, L^2 \theta = m \, \omega^2 r \, l \cos \psi \tag{9}$$

Esta ecuación no homogénea posee la solución particular:

$$\theta = \Theta \cos \left(\psi - \phi \right) \tag{10}$$

donde Θ es la semiamplitud angular de oscilación y ϕ el ángulo de fase entre la excitación y la respuesta. Estas constantes se obtienen reemplazando (10) en (9), así resultan:

$$\Theta = \frac{\Theta^* \left(\omega / \omega_n \right)^2}{\sqrt{\left[1 - \left(\omega / \omega_n \right)^2 \right]^2 + 4 \left(c / c_c \right)^2 \left(\omega / \omega_n \right)^2}} \tag{11}$$

y

$$\text{tg } \phi = \frac{2 \, c / c_c \, \omega / \omega_n}{1 - \left(\omega / \omega_n \right)^2} \tag{12}$$

en las cuales todos los parámetros se han adimensionalizados utilizando:

$$\omega_n = \sqrt{K \, L^2 / I_o} \quad \text{, pulsación natural del sistema}$$

$$c_c = 2 \sqrt{K \, I_o / L^2} \quad \text{, coeficiente de amortiguamiento crítico}$$

$$y \quad \Theta^* = \frac{m \, r \, l}{I_o}$$

Las figuras 9 a) y b) muestran las gráficas de las funciones (11) y (12) respectivamente. En ellas se observa claramente que en la condición de **resonancia** $\left(\omega / \omega_n = 1 \right)$ la amplitud crece rápidamente, mientras el ángulo de fase cambia más y más abruptamente a medida que decrece el amortiguamiento del sistema.

Es importante mencionar aquí que la naturaleza de este brusco cambio de fase es generalmente ignorada por la mayoría de los técnicos con alguna experiencia en procedimientos de balanceo, pudiendo conducir a serios problemas en las mediciones cuando se balancea en condiciones cercanas a la resonancia de la máquina.

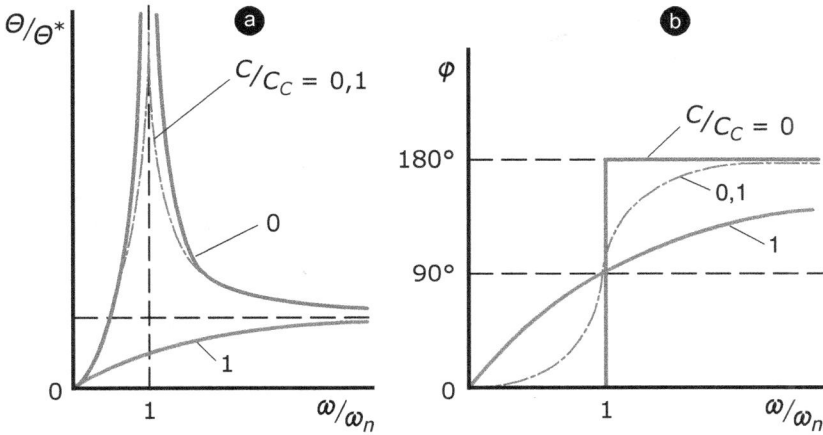

Figura 9: Resultados obtenidos por medio del modelo analítico:
a) semiamplitud angular adimensionalizada; b) variación de la fase

Figura 10: Vista general del modelo experimental y la instrumentación.

En la práctica, la obtención de las indicaciones continuas de los cambios de fase y amplitud requiere una variación muy suave de las revoluciones del rotor. Para lograrla, el modelo en laboratorio de la Figura 10 fue provisto con un variador electrónico de velocidad conectado al motor de corriente continua. El diagrama en bloques de la Figura 11 muestra la disposición del instrumental. La señal senoidal generada por el desbalanceo es sensada con un transductor electrodinámico (o de velocidad vibratoria) y es enviada a la entrada "*pick up*" del analizador de balanceo (en este caso un Dymac SD 119-C). Una pequeña marca de referencia (M_r) sobre la superficie del rotor (tela adhesiva blanca) es sensada por el fotodiodo, generándose una señal tipo pulso a una frecuencia de 1 x RPM que es enviada a la entrada "*Tach*" del analizador. Este instrumento provee como salidas sendas señales de corriente continua proporcionales a las señales de entrada.

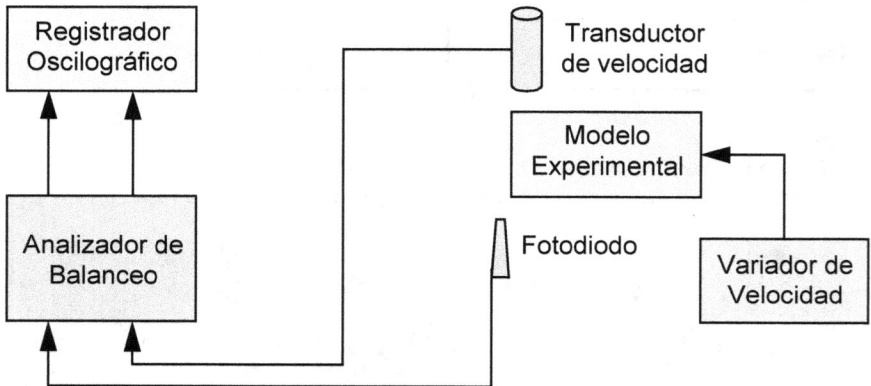

Figura 11: Diagrama en bloques del instrumental

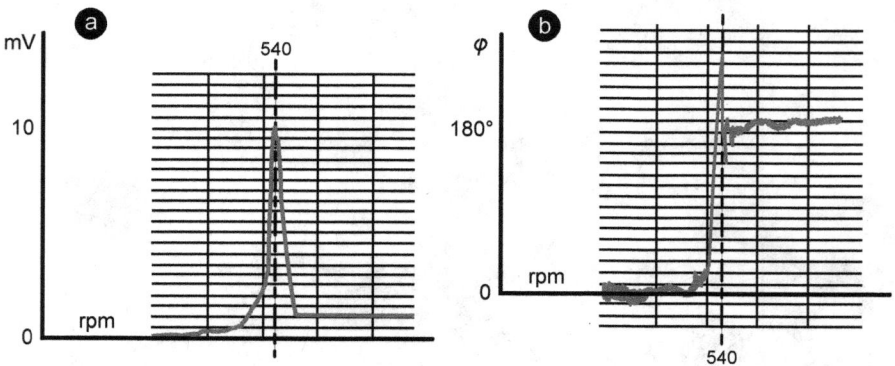

Figura 12: Resultados experimentales: a) Amplitud, b) Fase

La salida correspondiente a la amplitud de vibración posee un nivel de continua entre 1 y 10 volt y la salida correspondiente a la fase entre 0 y 3,6 volt (representando el intervalo angular 0-360º).

Estas dos salidas del analizador se conectan a sendos canales del registrador oscilográfico (en este caso un SAN-EI 5L35).

La variación suave de la velocidad del rotor desde la condición de reposo permite obtener las gráficas (en forma continua) que se muestran en la Figura 12, correspondientes a las variaciones de amplitud y fase antes, durante y después de la condición de resonancia (o crítica) del sistema.

La velocidad de resonancia para este modelo se determinó experimentalmente y tuvo lugar a las 540 RPM (9 Hz). Esto implica que la zona de trabajo para esta máquina balanceadora debería estar bien por encima de las 540 RPM a fin de evitar grandes amplitudes y errores cuando se trate de determinar las fases correspondientes al proceso de balanceo, tal como se explica en el apartado siguiente.

6.1.2.   Procedimiento metodológico para el balanceo en un plano

Cuando se comienza un procedimiento de balanceo generalmente no se posee una idea de cuál es la magnitud (peso) del desequilibrio ni su posición (fase) en el rotor.

El desequilibrio del rotor al comienzo del problema se denomina desbalanceo inicial y las lecturas de amplitud de vibración y fase que representan ese desbalanceo se denominan lecturas iniciales.

En el próximo apartado describiremos algunas técnicas sencillas para la

Figura 13-A: Analizador de balanceo

determinación de estas lecturas en la práctica, concentrándonos por el momento en el proceso de cálculo y corrección. Para ello, supongamos contar con un transductor de vibraciones que capta la amplitud de las oscilaciones del cabezal móvil y con un aparato para medición de fase, como el mostrado en la Figura 13-A (Dymac SD 119C o similar) El mismo indica en forma digital los valores de amplitud vibratoria, RPM y fase respecto de una señal de referencia obtenida del rotor a balancear mediante un cabezal fotoeléctrico.

Así, con una velocidad de rotación determinada, se obtiene una lectura inicial de la amplitud de vibración (R_o) y del ángulo de fase (ϕ_0) con respecto a un punto fijo del rotor (M_r) tal como una muesca, marca, etc. Estos valores se dibujan utilizando una escala apropiada en un gráfico vectorial como el de la Figura 13-B.

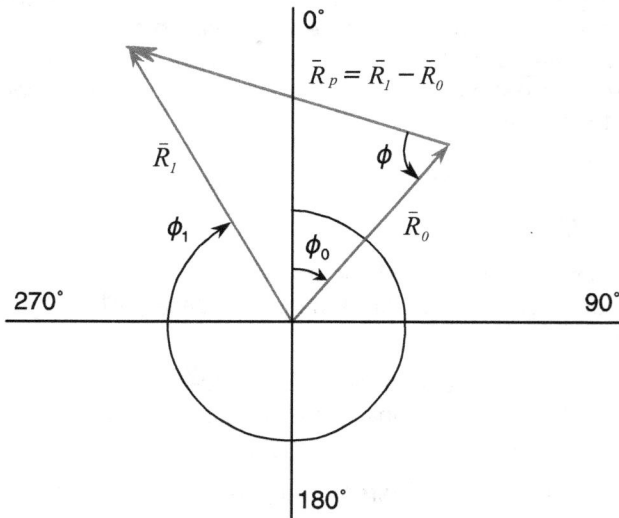

Figura 13-B: Diagrama vectorial para balanceo en un plano

Una vez que se han anotado y graficado estos valores, el paso siguiente es cambiar el desbalanceo inicial mediante el agregado de un peso de prueba (W_p) al rotor en una posición angular cualquiera. El desbalanceo resultante estará ahora representado por una nueva amplitud (R_1) y fase (ϕ_1) de vibración. Es importante notar que el vector $\bar{R}_1$ representa el desbalanceo original <u>más</u> el producido por W_p.

El cambio causado por el peso de prueba puede utilizarse para conocer la magnitud y ubicación del desbalanceo inicial o, en otras palabras, donde debería colocarse el peso de prueba para que se ubique en forma opuesta y posea una magnitud igual a la del desbalanceo inicial.

Para resolver el problema del desbalanceo el próximo paso es obtener el vector diferencia $\bar{R}_1 - \bar{R}_0$ el cual, en la Figura 13, se ha denotado con $\bar{R}_p$, dado que representa el efecto del peso de prueba W_p únicamente. Midiendo su módulo R_p (en la misma escala que R_0 y R_1) puede determinarse el efecto del peso de prueba en función de la amplitud de vibración. Esta relación puede usarse ahora para determinar qué peso de corrección W_c se requiere para reemplazar a W_p logrando una igualdad con el desbalanceo inicial. En efecto, experimentalmente se demuestra [13] que para propósitos prácticos, la amplitud de vibración es directamente proporcional a la cantidad de desbalanceo, por lo que, utilizando la regla de tres simple, se obtiene

$$
\begin{aligned}
R_p &\longrightarrow W_p \\
R_o &\longrightarrow W_c = \frac{R_o}{R_p} W_p
\end{aligned}
\tag{13}
$$

Para balancear el rotor, el objetivo es lograr que el vector $\bar{R}_p$ sea igual en módulo y de sentido contrario a $\bar{R}_0$. De esta manera el efecto del peso de corrección cancelará el desbalanceo original, con el resultado de un rotor equilibrado.

Determinando el peso de corrección necesario con la expresión (13) se logra que los módulos R_0 y R_p sean idénticos. El paso siguiente es determinar la posición angular correcta del peso W_c. En la Figura 13 puede observarse que el vector debe girarse un ángulo ϕ para que se oponga a R_0, lo que se logrará moviendo la posición de W_c el mismo ángulo ϕ <u>desde</u> donde fue colocado W_p. Es importante notar que el ángulo ϕ no debe medirse desde la marca de referencia.

Para determinar en qué sentido angular debe moverse el peso W_c, es decir horario o antihorario, debe tenerse en cuenta que a través de un sencillo experimento se demuestra [13] que, para un equipo como el aquí utilizado, la marca de referencia se mueve en forma <u>opuesta</u> a un movimiento del punto pesado y que además los ángulos de ambos son iguales en valor absoluto. Por lo tanto, deberá usarse siempre el siguiente criterio: "Mover el peso de corrección en la dirección opuesta a la del movimiento de la marca de referencia cuando se pasó de R_0 a R_1". Esta "ley" debe ser establecida experimentalmente para cada nuevo sistema de medición.

Es decir, que si la marca de referencia se mueve en el sentido contrario a las agujas del reloj al pasar de $\bar{R}_0$ a $\bar{R}_1$, el peso de corrección debe moverse en sentido horario desde la posición en que se ubicó el peso de prueba en un principio y viceversa, resultando este criterio independiente del sentido de giro del rotor.

A continuación se presenta un ejemplo de aplicación [13]. Sea el rotor en reposo de la Figura 14a, en el cual se ha practicado la marca de referencia M. Una primera corrida del rotor arroja como lecturas iniciales $R_o = 5$, $\phi_o = 90°$ (Fig. 14b), mientras que luego del agregado de un peso de prueba $W_p = 100$ gr a 90° de la marca de referencia, las lecturas arrojan: $R_1 = 3$, $\phi_1 = 120°$ (Fig. 14c). La Figura 14d muestra al diagrama vectorial para este caso, del cual resulta:

$$R_p = 2,8 \quad ; \quad \phi = 31,5°$$

La expresión 13 permite el cálculo del peso de corrección

$$W_c = \frac{100 \cdot 5}{2,8} = 178,5 \ \text{gr}$$

Por lo tanto dado que el movimiento de la marca M para pasar de R_0 a R_1 fue en sentido horario, W_c debe colocarse a un ángulo de 31,5° en sentido antihorario medido desde W_p (Figura 14e).

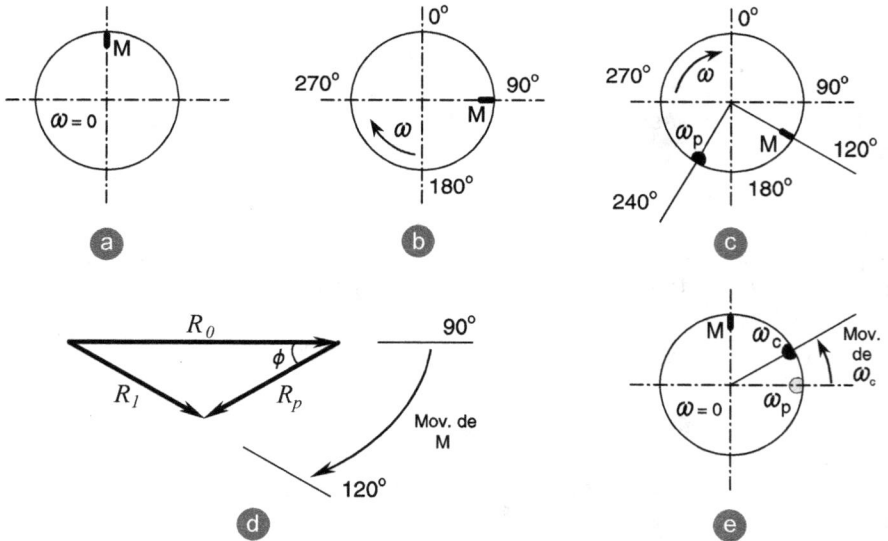

Figura 14: Ejemplo de balanceo en un plano

El diagrama vectorial de la Figura 13 puede reemplazarse por un sencillo procedimiento analítico, lo que permite realizar un algoritmo computacional para resolver el problema. En efecto, el triángulo de la Figura 13 puede ser resuelto utilizando el teorema del coseno:

$$R_P = \sqrt{R_o^2 + R_1^2 - 2\,R_o\,R_1\cos\left(\phi_1 - \phi_o\right)} \qquad (14)$$

mientras que el ángulo ϕ puede determinarse aplicando el teorema del seno:

$$\frac{\operatorname{sen}\phi}{R_1} = \frac{\operatorname{sen}(\phi_1 - \phi_o)}{R_P}$$

de donde:

$$\phi = \left| arc\,\operatorname{sen}\left[\frac{R_1}{R_P}\operatorname{sen}(\phi_1 - \phi_o)\right] \right| \tag{15}$$

Dado que el sentido de giro de los pasos se establecen por una regla experimental, los resultados arrojados por esta expresión se toman en valor absoluto (sin tener en cuenta el signo), lo que es indicado por las barras verticales.

Las expresiones (13) y (15) constituyen la solución analítica del problema de balanceo en un plano. Con ellas resulta sumamente sencilla la confección de un programa de computación que determine los parámetros W_c y ϕ [7], [26].

Sin embargo debido a que las calculadoras electrónicas reducen los ángulos al primer cuadrante, es importante determinar si el ángulo ϕ es agudo (< 90°) u obtuso (> 90°), lo que se logra analizando el signo del discriminante.

En efecto:

$$R_1^2 = R_P^2 + R_o^2 - 2R_P R_o \cos\phi$$

de donde:

$$\cos\phi = \frac{1}{2R_P R_O}\left(R_P^2 + R_o^2 - R_1^2\right)$$

Por otra parte:

si $\qquad\qquad \cos\phi < 0 \longrightarrow \quad 90° < \phi < 180°$

Por lo que puede concluirse que ϕ es obtuso si:

$$R_O^2 + R_P^2 - R_1^2 < 0 \tag{16}$$

debiendo en este caso reducirse el valor de ϕ obtenido con la expresión (15) mediante la ecuación:

$$\phi' = 180° - \phi \tag{17}$$

donde ϕ' es el ángulo que debe correrse la posición de W_c desde el peso de prueba. Con el objeto de clarificar estos conceptos, apliquemos las expresiones obtenidas anteriormente al ejemplo de la Figura 13; aquí será:

$$R_P = \sqrt{25 + 9 - 2\cdot 5\cdot 3\cdot \cos(120° - 90°)} = 2{,}83 \ \ gr$$

y:

$$\phi = \left| arc\ sen\left[\frac{2}{2,83}\ sen\ (120°-90°)\right]\right| = 32°$$

la comprobación dada por (16), resulta:

$$25 + 2,83^{\,2} - 9 \cong 24 > 0$$

por lo que el ángulo ϕ resulta ser agudo y en consecuencia no es necesaria la reducción (17). El peso W_c debe girarse un ángulo de 32° en sentido anti-horario, tal como resultó del método vectorial. En el próximo apartado puede observarse una aplicación en la cual ϕ resulta ser obtuso.

6.1.3. Técnicas para determinación de amplitud y fase

A pesar de los extraordinarios desarrollos de equipos electrónicos para balanceo que se han producido en los últimos años, no es común aún contar con uno de ellos en la mayoría de las plantas industriales y talleres. Por este motivo, es muy importante el conocimiento de métodos que permitan la realización de las mediciones con aparatos de fácil disponibilidad para el personal de mantenimiento.

A continuación se presentan dos técnicas simples pero eficaces para medir fase y amplitud durante el proceso de balanceo [27].

La Figura 15 muestra esquemáticamente el modelo montado en laboratorio para el estudio de las técnicas y en el cual se utilizó la máquina descripta en el apartado 6.1.1.

En la primera de las técnicas que presentamos aquí se emplea un osciloscopio de doble haz. La señal de desbalanceo proveniente del rotor es captada con un transductor de velocidad y enviada a uno de los canales del osciloscopio. Una pequeña marca de referencia sobre la superficie del rotor (cinta adhesiva blanca) es "observada" por el fotodiodo y enviada al otro canal del osciloscopio. En el modo SUM, el osciloscopio efectúa la suma de ambas señales, pudiendo observarse en la pantalla una onda senoidal con el pulso de 1 x RPM "montado" sobre ella. La ubicación del pulso sobre la senoide indica la fase.

Una vez que se han obtenido la amplitud y la fase, es fácilmente aplicable el procedimiento de balanceo descripto anteriormente

La segunda técnica para determinar los parámetros del balanceo utiliza un registrador de tira de papel.

La señal proveniente del transductor de velocidad alimenta uno de los canales del registrador oscilográfico. La señal de 1 x RPM provista por el fotodiodo es enviada al comando externo del "timing". De esta forma, la senoide generada por el desbalanceo es cortada por líneas transversales correspondientes a 1 x RPM.

Para registradores que no poseen disparo externo del tiempo, puede usarse uno de los otros canales para la aplicación del pulso. Una vez más, con los datos obtenidos puede efectuarse la operación de balanceo con la técnica usual.

Es interesante puntualizar que la precisión por el uso del registrador en vez del osciloscopio para medir amplitud y fase conduce a un menor número de arranques y paradas de la máquina a balancear (a menos que se trate de un osciloscopio con memoria digital). Este hecho es muy importante y debe tenerse en cuenta en grandes máquinas para las cuales una reiteración de paradas puede ser altamente peligroso.

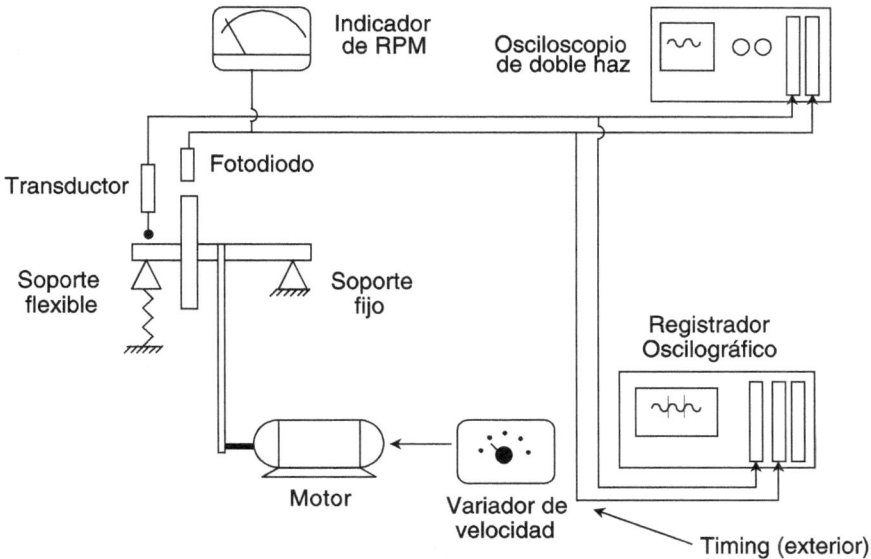

Figura 15: Modelo de laboratorio para la determinación de amplitud y fase

Esta última técnica fue empleada para balancear un soplador industrial [28] con las siguientes características:

> *Diámetro del rotor:*   *1.600 mm*
> *Velocidad de rotación:* *1.200 RPM*
> *Motor:*   *150 HP, 1.485 RPM*

El procedimiento de balanceo fue el siguiente:

Los valores correspondientes a la amplitud y fase fueron medidos horizontalmente en los puntos 1 y 2 (ver Figura 16), donde se obtuvieron los siguientes resultados:

Punto	Valor inicial	
	Amplitud	*Fase*
1	35 mV	30º
2	25 mV	30º

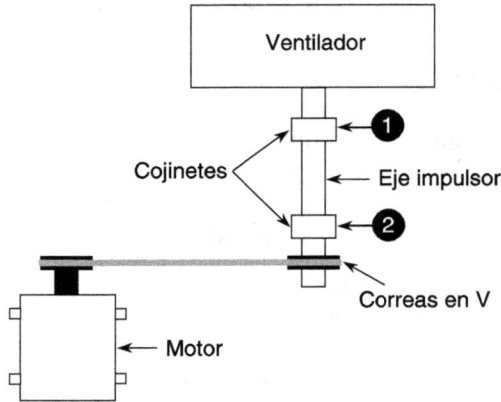

Figura 16: Esquema y estaciones de medición

Dado que el punto 1 poseía la mayor amplitud de vibración, el mismo fue elegido con propósitos de corrección. Se colocó un peso de prueba de 50 gr en el tope de una de las paletas, obteniéndose los siguientes resultados:

Punto	Valores de prueba	
	Amplitud	*Fase*
1	45 mV	20º
2	25 mV	25º

Sobre la base de estos resultados se construyó el diagrama vectorial que se observa en la Figura 17. Este diagrama y la ecuación (13) condujeron a la conclusión de que era necesario agregar un peso de corrección de alrededor de 145 gr con una posición angular de 139º en sentido horario con respecto al peso de prueba. Debido al hecho de que no había una paleta en esa posición angular, se agregó un peso de 115 gr en la coordenada angular de 140º. Esta vez los resultados fueron:

Punto	Condición final	
	Amplitud	*Fase*
1	18 mV	35º
2	10 mV	–

Estos últimos valores fueron reducidos con el factor de calibración del transductor, encontrándose que estaban dentro de una condición aceptable de operación para este tipo de maquinaria, según lo establecido por la Norma VDI 2056 [29].

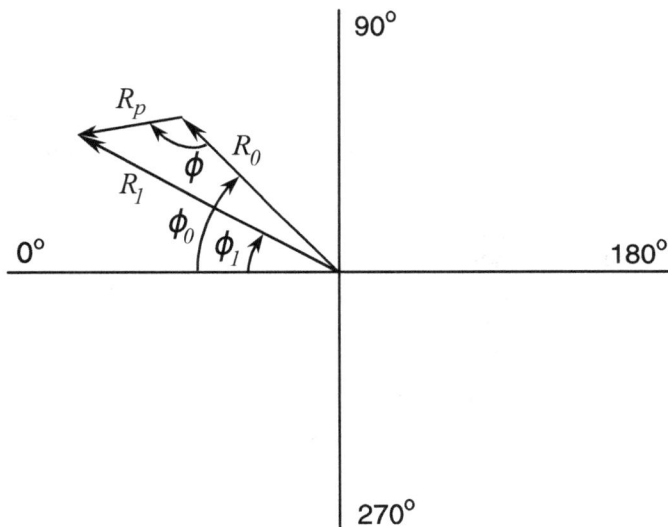

Figura 17: Análisis vectorial. Valores gráficos: R_p = 12; ϕ = 139°.

Por otra parte, los parámetros de corrección podrían haberse determinado analíticamente con las expresiones (14) a (17), teniendo en cuenta que:

$$R_0 = 35 \quad ; \quad \phi_0 = 30° \quad ; \quad R_1 = 45 \quad ; \quad \phi_1 = 20° \text{ y } W_p = 50\ gr$$

así:

$$R_P = \left\{35^2 + 45^2 - 2 \cdot 35 \cdot 45 \cdot \cos(20°-30°)\right\}^{1/2} = 12,16$$

y:

$$\phi = \left| arc\ sen\left[\frac{45}{12,16} sen\ (20°-30°)\right]\right| \cong 40°$$

pero de (16):

$$35^2 + 12,16^2 - 45^2 \cong -652 < 0$$

por lo que ϕ es obtuso y en consecuencia

$$\phi' = 180° - 40° \cong 140°$$

tal como se halló en la Figura 17.

Con respecto al peso de corrección, la expresión (13) arroja:

$$W_c = \frac{35}{12,16} \cdot 50 \cong 144 \, gr$$

6.2 Balanceo en dos Planos

El balanceo en dos planos se realiza en gran medida como el de un solo plano; sin embargo, el equilibrado en dos planos requiere alguna atención especial a causa del <u>efecto cruzado o interferencia entre planos de corrección</u>.

Este puede definirse [19] como el efecto sobre la indicación de desbalanceo en un plano de corrección del rotor observado por un cierto cambio del desbalanceo en el otro plano de corrección.

Por causa de este efecto, las lecturas de desbalanceo observadas en los extremos del rotor no representan verdaderamente el desbalanceo en sus respectivos planos de corrección. Por el contrario, cada lectura será la resultante del desbalanceo en el plano de corrección asociado <u>más</u> el efecto cruzado proveniente del otro lado.

Al comienzo del proceso de balanceo no hay forma de conocer la magnitud y fase del efecto cruzado. Además, estos parámetros serán distintos para diferentes máquinas.

Desafortunadamente, el efecto cruzado siempre está presente en rotores industriales de cierta longitud. En la mayoría de los casos, el uso de la solución vectorial para balanceo en un plano requeriría muchas corridas de balanceo a fin de obtener un buen equilibrado en dos planos. En máquinas que poseen altos niveles de efecto cruzado o que requieren un tiempo importante de arranque y parada, el problema de balanceo puede ser simplificado considerablemente y el tiempo requerido para el proceso de equilibrado reducido en gran medida utilizando técnicas gráficas, analíticas y/o experimentales especialmente desarrolladas.

En los próximos apartados presentaremos tres de estas técnicas, comenzando por la fundamentación matemática sobre la cual se basa el cálculo vectorial.

La Referencia 30 constituye una excelente fuente complementaria de consulta.

6.2.1. Solución matemática al problema de balanceo en dos planos

Para equilibrar en dos planos se hace necesario el agregado de dos pesos de corrección, uno en cada plano de balanceo seleccionado sobre el rotor, lo que implica efectuar mediciones sobre dos cojinetes de la máquina.

A continuación se presenta un procedimiento analítico extraído de la Referencia 31, el cual brinda una excelente posibilidad de interpretar en profundidad el problema del equilibrado en dos planos.

La Figura 18 es un diagrama simplificado de un problema de vibraciones en dos planos, en el cual se ha supuesto contar con transductores de desplazamiento para realizar las correspondientes lecturas de amplitud vibratoria de los cabezales (móviles) con respecto a los transductores (absolutos).

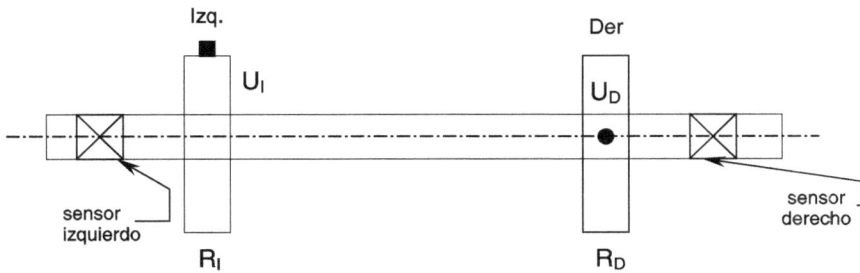

Figura 18: Esquema de un rotor con desbalanceo en dos planos.

En la Figura 18 puede observarse que la salida del sensor de la izquierda será RI, mientras que del de la derecha R_D . Si U_I y U_D representan las fuerzas reales de desbalanceo localizadas en los planos izquierdo y derecho respectivamente, pueden escribirse las siguientes ecuaciones vectoriales:

$$R_I = U_I + C_{ID} \qquad \qquad \textbf{(18)}$$

$$R_D = U_D + C_{DI} \qquad \qquad \textbf{(19)}$$

donde:

R_I ; R_D movimientos resultantes totales, tal como los captan los sensores izquierdo y derecho respectivamente.

U_I ; U_D fuerzas reales de desbalanceo en el plano izquierdo y derecho respectivamente.

C_{ID} efecto cruzado observado en el plano izquierdo debido a la fuerza de desbalanceo que hay en el lado derecho.

C_{DI} efecto cruzado observado en el plano derecho debido a la fuerza de desbalanceo que hay en el lado izquierdo.

Todas estas variables son vectores; es decir, cada cantidad posee magnitud y fase. También, puede verse que dos cantidades, R_I y R_D, son conocidas, ya que se miden en la práctica. Esto deja cuatro cantidades vectoriales desconocidas: U_I, U_D, C_{ID}, C_{DI}.

Obviamente, el problema es resolver para U_I y U_D en términos de peso, de manera que puedan aplicarse pesos de corrección de la misma magnitud en forma opuesta a ellos para obtener un verdadero balanceo dinámico.

Normalmente, con cuatro incógnitas, pueden escribirse un total de cuatro ecuaciones simultaneas a fin de resolver para cada incógnita. Desafortunadamente, hay otras incógnitas involucradas en este problema. En las (18) y (19) U_I, U_D , C_{ID} y C_{DI} han sido representados como vectores desplazamiento, dado que estas son las dimensiones de R_D y R_I. Sin embargo, para convertir estas cantidades en vectores desplazamiento, dos incógnitas adicionales entran en juego, es decir, factores de conversión en el plano izquierdo y el derecho. Lo que esto significa es que debe multiplicarse por una constante a la fuerza de desbalanceo en unidades de peso para convertirla a unidades de desplazamiento.

Por lo tanto, las ecuaciones (18) y (19) pueden reescribirse como sigue:

$$R_I = a\ U_I + C_{ID} \qquad \textbf{(20)}$$
$$R_D = b\ U_D + C_{DI} \qquad \textbf{(21)}$$

donde:

a factor de conversión en el plano izquierdo (con fase y módulo) en unidades de desplazamiento/peso.

b factor de conversión en el plano derecho.

Estas dos cantidades son también vectores.

Finalmente, las (20) y (21) toman la forma:

$$R_I = a\ U_I + k_1\ U_D \qquad \textbf{(22)}$$
$$R_D = b\ U_D + k2\ U_I \qquad \textbf{(23)}$$

donde:

k_1 constante de efecto cruzado del plano derecho al izquierdo en unidades de desplazamiento sobre peso [cm/kg.]

k_2 constante de efecto cruzado del plano izquierdo al derecho en unidades de desplazamiento sobre peso [cm/kg.]

y donde solamente se conocen R_I y R_D y hay presentes un total de 6 incógnitas vectoriales:

$$U_I,\ U_D,\ a,\ b,\ k_1\ \text{y}\ k_2$$

El sistema (22-23) puede resolverse sólo si se generan nuevas ecuaciones que relacionen a los mismos parámetros con otros conocidos; para ello se procede de la siguiente manera: si se agrega un peso conocido W_D en el plano derecho en una posición conocida, pueden escribirse dos ecuaciones adicionales:

$$R'_I = aU_I + k_I(U_D + W_D) \tag{24}$$

$$R'_D = b(U_D + W_D) + k_2 U_I \tag{25}$$

donde ahora W_D es un vector de fase y módulo conocido.

Ahora se quita W_D y se agrega un nuevo peso W_I en el plano izquierdo en una posición conocida, resultando las siguientes ecuaciones adicionales:

$$R''_I = a(U_I + W_I) + k_I U_D \tag{26}$$

$$R''_D = bU_D + k_2(U_I + W_I) \tag{27}$$

Luego hemos formado un sistema (22-27) de 6 ecuaciones con 6 incógnitas (ya que R'_I, R''_I, R'_D y R''_D son conocidos por medición). Este sistema puede resolverse de la siguiente manera:

De (22) y (26):

$$a = \frac{R''_I - R_I}{W_I} \tag{28}$$

De (6) y (8):

$$b = \frac{R'_D - R_D}{W_D} \tag{29}$$

De (22) y (24):

$$k_I = \frac{R'_I - R_I}{W_D} \tag{30}$$

De (6) y (10):

$$k_2 = \frac{R''_D - R_D}{W_I} \tag{31}$$

Ahora podemos resolver el sistema (22-23):

$$U_D = \frac{R_I - aU_I}{k_1} \tag{32}$$

que en (23) queda:

$$R_D = \frac{b}{k_I}(R_I) - \frac{ab}{k_I}U_I + k_2 U_I = \frac{b}{k_1}R_I + U_I\left(k_2 - \frac{ab}{k_1}\right)$$

$$U_I = \frac{R_D - \dfrac{b}{k_1}R_I}{k_2 - \dfrac{ab}{k_1}}$$

o, reordenando

$$U_I = \frac{k_1 R_D - b R_I}{k_1 k_2 - ab} \tag{33}$$

volviendo a (32):

$$U_D = \frac{R_I}{k_1} - \frac{a}{k_1}\left(\frac{k_1 R_D - b R_I}{k_1 \, k_2 - ab}\right)$$

que toma como expresión final:

$$U_D = \frac{k_2 \, R_I - a R_D}{k_1 \, k_2 - ab} \tag{34}$$

Con lo que hemos determinado los vectores de desbalanceo en ambos planos.

Luego, los pesos de corrección deberán colocarse de manera que formen un vector igual y opuesto a U_I y U_D en cada plano.

6.2.1.1. Ejemplo numérico

Con el fin de profundizar los conceptos inherentes al cálculo de las magnitudes vectoriales que surgen de la teoría precedente, consideremos el siguiente ejemplo numérico [31].

Supongamos conocidas las lecturas correspondientes al proceso de medición y expresémoslas en forma numérica a través de la notación compleja del tipo:

$$R = \rho \, e^{j\omega} = \rho \left(\cos \omega + j \, \text{sen} \, \omega\right) \tag{35}$$

donde R representa una magnitud vectorial, ρ el módulo de la misma, ω el argumento o ángulo de fase respecto al eje de referencia y $j = \sqrt{-1}$. Desde el punto de vista de esta notación, un vector bidimensional (R) queda representado en el "plano complejo" con una componente "real" ($\rho \cos \omega$) dirigida según el "eje real" y otra "imaginaria" ($j \, \rho \, \text{sen} \, \omega$) dirigida según el "eje imaginario" [32].

Sean entonces:

$$R_I = 8,6 \, e^{j63°} \qquad\qquad R'_D = 10,4 \, e^{j162°}$$

$$R_D = 6,5 \, e^{j206°} \qquad\qquad W_I = 10gr \, e^{j90°}$$

$$R''_I = 5,9 \, e^{j123°} \qquad\qquad W_D = 12gr \, e^{j180°} \quad \text{(con } W_I \text{ quitado)}$$

$$R''_D = 4,5 \, e^{j228°}$$

$$R'_I = 6,2 \, e^{j36°}$$

Aplicando la expresión (28), resulta:

$$a = \frac{5,9\,e^{j123°} - 8,6\,e^{j63°}}{10\,e^{j90°}}$$

$$= \frac{5,9\,(cos\,123°+j\,sen\,123°) - 8,6\,(cos\,63°+j\,sen\,63°)}{10\,e^{j90°}} =$$

$$= \frac{(-3,21+j\,4,94)-(3,90+j\,7,66)}{10\,e^{j90°}} = \frac{-7,11-j2,72}{10\,e^{j90°}} =$$

$$= \frac{\sqrt{7,11^2 + 2,72^2}\;e^{arctg\left(\frac{2,72}{7,11}\right)+180°}}{10\,e^{j90°}}$$

a esta altura, es imprescindible notar que al calcular el argumento como la tangente del cateto opuesto dividido el adyacente, para mantener el origen de los ángulos debe sumarse 180° cuando el vector diferencia se encuentra en el tercer cuadrante, tal como ocurre en este caso. La figura 19 ilustra este concepto.

Finalizando el cálculo:

$$a = \frac{7,61\,e^{j201°}}{10\,e^{j90°}} = 0,761\,e^{j111°}$$

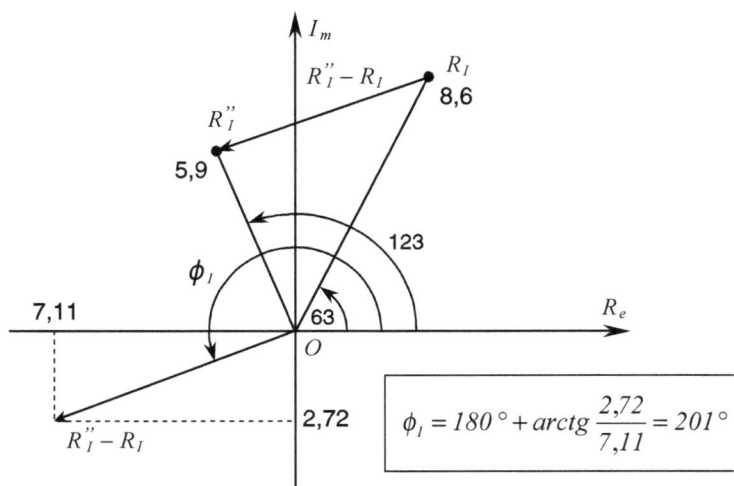

$$\phi_I = 180° + arctg\,\frac{2,72}{7,11} = 201°$$

Figura 19: Representación en el plano complejo.

De la misma forma y teniendo en cuenta la expresión (29), resulta:

$$b = \frac{10,4\ e^{j162°} - 6,5\ e^{j206°}}{12\ e^{j180°}}$$

en este caso, el vector diferencia se ubica en el segundo cuadrante, motivo por el cual su fase quedará determinada por:

$$\phi_2 = 180° - \text{arctg}\ \frac{6,05}{4,05} = 123,79°$$

resultando:

$$b = 0,60\ e^{-j56,21°}$$

El cálculo de k_1 se efectúa mediante la expresión (30):

$$k_1 = \frac{6,2\ e^{j36°} - 8,6\ e^{j63°}}{12\ e^{j180°}}$$

Aquí el vector diferencia $R'_I - R_I$ se encuentra en el cuarto cuadrante, por lo que su fase se determina haciendo:

$$\phi_3 = 360° - \text{arctg}\ \frac{4,02}{1,11} = 285,46°$$

obteniéndose:

$$k_1 = 0,34\ e^{j105,56°}$$

con la expresión (31) se calcula ahora k_2:

$$k_2 = \frac{4,5\ e^{j228°} - 6,5\ e^{j206°}}{10\ e^{j90°}} = 0,287\ e^{j260°}$$

Por último, los desbalanceos son evaluados con las expresiones (33) y (34), obteniéndose:

$$\vec{U}_D = 6,41\ gr\ e^{-j114,5°} \qquad ; \qquad \vec{U}_I = 10,7\ gr\ e^{-j33,2°}$$

Por lo tanto, los pesos de corrección deberán ubicarse en el mismo radio que los pesos de prueba y opuestos a U_I y U_D en el plano correspondiente:

$$\vec{W}_D = 6,41\ e^{j65,5°} \qquad ; \qquad \vec{W}_I = 10,7\ e^{j146,8°}$$

Un manejo apropiado de la metodología analítica aquí expuesta permite la implementación de la misma en programas de computación que efectúan los cálculos precedentes en fracciones de segundo, permitiendo procesos de balanceo precisos y breves.

Un programa de computación implementado en lenguaje Basic en base a estos conceptos se describe en la Referencia 33, mientras que para la Referencia 34 se ha utilizado el moderno y potente software MATHEMATICA.

6.2.2. Método vectorial para balanceo en dos planos

Los métodos vectoriales gráficos para el balanceo en dos planos han dejado de usarse en la práctica tan rápido como ocurrió la penetración de las computadoras en el mercado en los últimos años. La consecuente posibilidad cierta de acceso a las mismas por parte de ingenieros y técnicos de planta ha hecho que los métodos gráficos resulten obsoletos por diversas razones.

Ya en 1980 con el advenimiento de las calculadoras programables de bolsillo los métodos computacionales comenzaron a reemplazar a los imprecisos y poco prácticos gráficos.

Tal vez la definición más tajante de la situación planteada es la de Fagestrom en la Referencia 8:

"La solución gráfica para balanceo simultáneo en dos planos obtenidas por Thearle [35] y por IRD [13, 36] es un método de 54 pasos con 17 vectores que requiere un tiempo de ejecución de entre 40 y 50 minutos. Debido a su complejidad, esta solución gráfica es muy susceptible a errores y es a menudo evitada, permitiéndose a las máquinas operar con vibración más alta que la deseada. Los cálculos del balanceo en dos planos pueden ser efectuados fácilmente y en un minuto y medio con el calculador programable".

El comentario de Fagestrom podría ser actualizado agregando que con la generalización del uso de computadoras personales y programas apropiados, los cálculos se efectúan en fracciones de segundo. Por otra parte, actualmente son numerosas las empresas que ofrecen en el mercado instrumental de análisis y medición de vibraciones que, entre sus múltiples funciones, permiten la realización del proceso de balanceo en forma directa y sencilla desde el punto de vista del operador.

Por lo expuesto, resultaría poco práctico incluir en este trabajo la metodología gráfica, motivo por el cual se remite al lector interesado a las Referencias 2 y 36.

7. Equilibrado de rotores flexibles.

Después de un balanceo en dos planos, el equilibrio con los vectores de desbalanceo dispersos en el rotor es mantenido por los vectores de equilibrado encontrados durante el proceso de balanceo. Sin embargo, durante la rotación de un rotor balanceado las fuerzas centrífugas generadas por los desbalanceos existentes en cada uno de sus infinitos planos hacen que el rotor se deforme por flexión.

De acuerdo a lo anterior, las velocidades críticas son excitadas por uno o más desbalanceos. Independientemente del plano radial en particular en el que el desbalanceo está presente, siempre son excitadas las mismas formas modales (es decir, la elástica de deformación toma siempre la misma forma, permaneciendo inalterada la posición de los nodos). La forma modal depende sólo de los parámetros del rotor y los cojinetes. Naturalmente, la amplitud de la flexión depende de la cantidad de desbalanceo y también del plano en el que se encuentre. En un plano nodal el desbalanceo no puede excitar vibración alguna, pero en otras posiciones que las nodales el efecto será proporcional a la amplitud de la curva de flexión en ese punto.

Si, por ejemplo, el rotor de la Figura 20 posee una masa desbalanceada u, el mismo normalmente puede ser balanceado a bajas velocidades agregando pesos de corrección en los planos I y II de manera que las reacciones en los cojinetes se anulen. Sin embargo, la masa desbalanceada y las de corrección tienen un efecto completamente diferente para cada modo de flexión del eje elástico del rotor, puesto que no pueden cancelar la deformación.

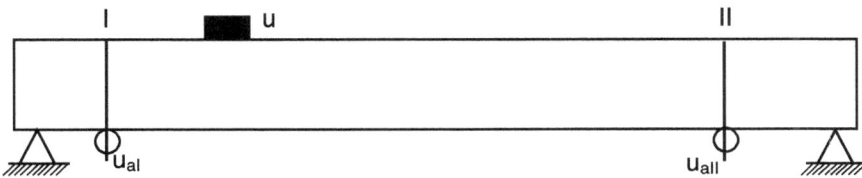

Figura 20: Eje esbelto con dos planos de corrección.

Las velocidades de rotación a las cuales se produce la deformación del rotor se denominan "críticas" y generalmente coinciden con las frecuencias naturales medidas en condición estática [3].

Para reducir la deformación a velocidades críticas al valor deseado, es necesario aplicar masas de corrección adicionales. Para este propósito se requieren más de dos planos de corrección ya que estas masas no deben afectar en forma adversa la corrección efectuada a bajas velocidades, es decir, no deben causar desbalanceo dinámico en el rotor. Esto significa que el desbalanceo estático (sumatoria de fuerzas) y el de cupla (sumatoria de momentos) debidos a las masas de corrección adicionales deben ser nulos.

Este grupo de masas de corrección para un modo particular de flexión es denominado conjunto de pesos. Los pesos de corrección individuales poseen una relación fija entre sí, la que sólo depende de la distancia entre planos y el radio de corrección. En velocidades de rotación cercanas a las críticas este conjunto de pesos actúa sobre la elástica de deformación.

Para cada modo flexional al cual se deforma el rotor se necesita un conjunto de pesos diferentes. El número de planos de corrección debe ser mayor al menos en uno que el número de nodos correspondiente al modo de flexión. Para cada modo los planos de corrección se eligen de manera tal que el efecto sobre ese modo sea lo más grande posible.

En el caso del modo con dos nodos que se muestra esquemáticamente en la Figura 21 (obsérvese que los nodos se hallan desplazados de los cojinetes por efecto de la elasticidad de los mismos), las ecuaciones de fuerzas y de momentos para la determinación del conjunto de pesos son [3]:

$$R_I - R_{III} + R_V = 0 \quad ; \quad R_I\, a - R_V\, b = 0 \tag{36}$$

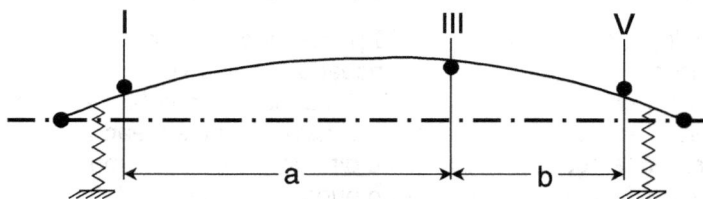

Figura 21: Conjunto de pesos de corrección para el primer modo flexional.

donde los subíndices denotan tres de cinco planos de corrección hipotéticos, necesarios para corregir tres modos de flexión.

Si se asume por ejemplo el valor de R_{III}, los otros dos resultan de:

$$R_I = R_{III}\, \frac{b}{a+b} \; ; \qquad R_V = R_{III}\, \frac{a}{a+b} \tag{37}$$

La distribución correcta de los pesos puede medirse en lugar de calcularse. Uno de los tres desbalanceos, por ejemplo la masa central, se aplica en el rotor y por medio de una corrida adicional de balanceo a baja velocidad se determinan las correcciones requeridas en los otros planos y se efectúan sobre el rotor. Por medio de este método es posible, de manera muy simple, tener en cuenta la variación del radio de corrección.

En el caso del modo natural con tres nodos sólo se pueden establecer dos ecuaciones basadas en equilibrio de fuerzas y momentos para los cuatro desbalanceos, las cuales son insuficientes para determinar los desbalanceos aún en el caso que se adopte un valor para uno de ellos. Sin embargo, en este caso está el requerimiento adicional de que este conjunto de masas no debe influenciar al modo natural de flexión con dos nodos. Para el caso general la formulación es sumamente complicada. Sin embargo, si los planos de corrección se encuentran en una posición aproximadamente simétrica y las masas y rigideces son de una distribución aproximadamente uniforme, la sensibilidad del rotor en su modo natural con dos nodos es igual para los planos II y IV así como también para los I y V (Figura 22) de forma que son aplicables las siguientes condiciones:

$$R_{II} = -R_{IV} \qquad \text{y} \qquad R_I = -R_V \qquad \text{(38)}$$

Así, la condición de momentos se simplifica, tomando la forma:

$$R_I \, d = R_{II} \, b \qquad \text{(39)}$$

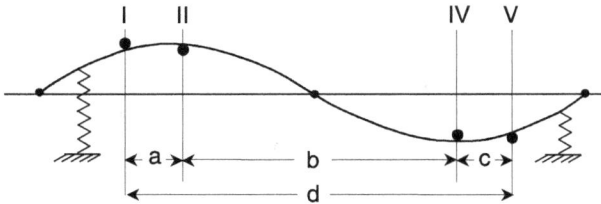

Figura 22: Conjunto de pesos de corrección para el segundo modo de flexión (tres nodos)

o, si se adopta R_{II}:

$$R_I = -R_{II} \frac{b}{d}; \quad R_{IV} = -R_{II}; \quad R_V = R_{II} \frac{b}{d} \qquad \text{(40)}$$

Si en el caso general no se conocen con precisión los modos naturales o si el cálculo se torna demasiado largo, el conjunto de masas que no influencia la corrección a baja velocidad y el modo natural con dos nodos puede determinarse de la siguiente manera (ver Figura 23):

En los planos I, II y V se aplica un conjunto de tres masas, el cual no perturba el estado de desbalanceo del rotor rígido. El efecto sobre el modo natural con dos nodos es compensado por un segundo conjunto de masas en los planos I, IV y V que tampoco afecta al rotor rígido. Las masas en los planos I y V son combinadas en una sola masa y junto con las de los planos II y IV forman el conjunto de cuatro masas buscado, el cual no perturba el estado de desbalanceo del rotor rígido ni al modo natural con dos nodos. Ahora se debe adaptar el conjunto de cuatro masas con respecto a su magnitud y posición angular de manera tal que la deformación del modo con tres nodos se reduzca al valor deseado.

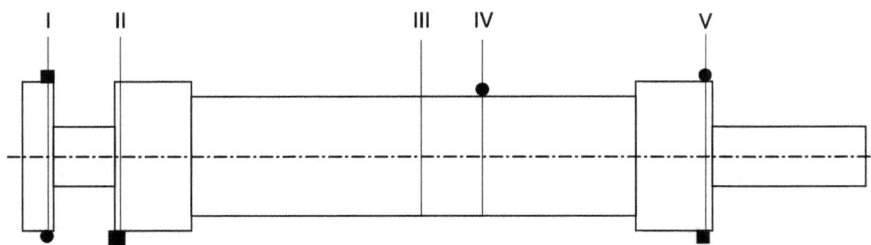

Figura 23: Determinación de la combinación correcta de un conjunto de cuatro pesos. ■ Primer conjunto de tres pesos; ● segundo conjunto de tres pesos para compensar la influencia del primer conjunto sobre el primer modo de flexión. Ambos conjuntos de tres pesos están ubicados de manera que no afecten la corrección a baja velocidad.

La misma metodología se aplica a modos superiores.

7.1 Determinación experimental de los desbalanceos estático y cupla

En la Referencia 11 se describe el desarrollo y la aplicación de un circuito electrónico especialmente diseñado para determinar separadamente los desbalanceos cupla y estático, permitiendo balancear con una técnica que resulta particularmente útil cuando se efectúan balanceos en tres planos, a baja velocidad, de grandes rotores flexibles, aunque puede ser utilizado también en balanceo de rotores rígidos.

En la Referencia 37 se describe un método gráfico para lograr la separación, el cual se basa en las tres siguientes premisas:

1) En general, el estado de desbalanceo de un rotor puede identificarse ya sea como estático, cupla o una combinación de ambos.

2) Cuando existe el desbalanceo combinado estático y cupla en o muy cerca del plano que contiene al centro de gravedad del rotor, el desbalanceo estático que contribuye fuertemente tanto a la primera resonancia rígida (estructural) como a la primera crítica, resulta fácilmente identificable y debe minimizarse primero.

3) Dado que el desbalanceo de cupla también es identificable (aparece

en planos cercanos a los extremos del rotor), es posible minimizar el segundo modo rígido y la segunda crítica reduciendo en forma adecuada la magnitud del desbalanceo de cupla.

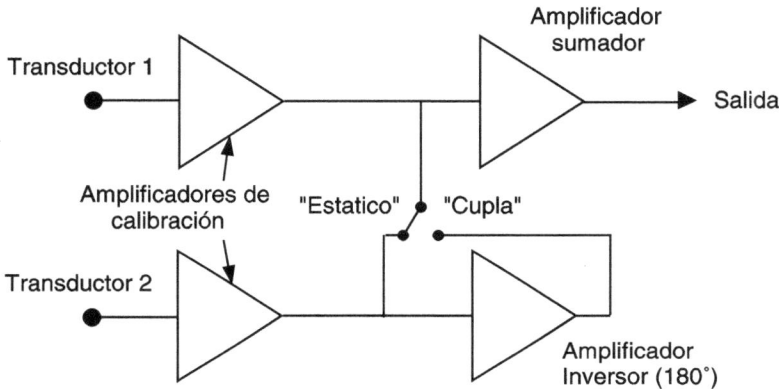

Figura 24: Diagrama en bloques del circuito

Con un circuito electrónico como el que muestra el diagrama en bloques de la Figura 24 [11] se logra determinar separadamente los desbalanceos estático y cupla en forma mucho más rápida y conveniente que con la técnica gráfica de separación propuesta en [37].

La señal de cada transductor se amplifica en amplificadores de calibración separados (es de fundamental importancia el obtener igual sensibilidad en ambos transductores). En cada caso se utiliza una alta impedancia de entrada, alcanzando el factor de ganancia variable valores entre 0,75 y 1,25.

La señal emitida por el transductor 1 la recibe directamente el amplificador sumador, el cual recibe también la señal generada por el transductor 2. Este procedimiento tiene lugar de dos maneras diferentes:

a) La señal se recibe directamente desde el amplificador de calibración (esta posición se indica como "estática" en la Figura 24).

b) La señal se procesa a través de un amplificador inversor (posición indicada como "cupla" en la Figura 24).

❑ En el primer caso las señales en fase se suman, mientras que las en contrafase se cancelan. De acuerdo con esto, las señales correspondientes al desbalanceo estático se suman en el amplificador sumador.

❑ En el segundo caso, las señales correspondientes al desbalanceo estático se cancelan mientras que se suman las que corresponden al desbalanceo dinámico, obteniéndose en el amplificador sumador el valor de la cupla.

La Figura 25 muestra un diagrama en bloques del modelo experimental. Los transductores 1 y 2 poseen una sensibilidad de 76 mV/mm/seg RMS. Un transductor magnético genera un pulso que sincroniza el filtro del analizador de balanceo DYMAC SD-119-C.

Las pruebas se efectuaron sobre el rotor construido especialmente que se observa en forma esquemática en la Figura 25, utilizando los conceptos de balanceo descriptos con anterioridad.

El cuadro siguiente muestra valores de amplitud y fase medidos después de aplicar el procedimiento de balanceo:

	Plano 1	Plano 2
Amplitud	0,002	0,002
Fase	140º	320º

determinándose que en esas condiciones las componentes de desbalanceo cupla y estático asumían los siguientes valores

	Plano 1	Plano 2
Amplitud	0,000	0,005
Fase	110º	144º

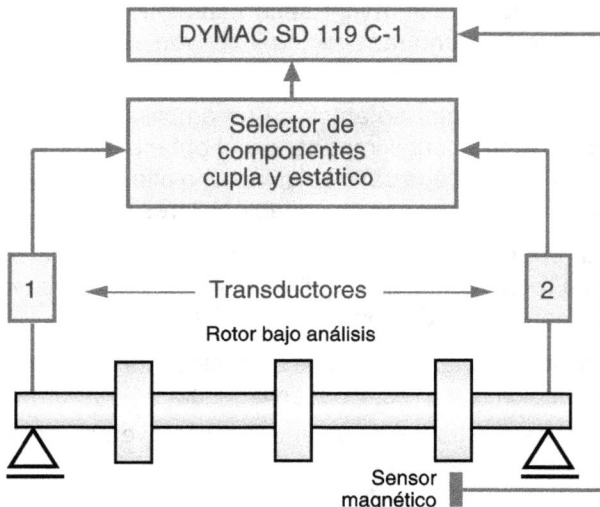

Figura 25: Diagrama en bloques del modelo experimental.

Estos últimos valores concuerdan con los anteriores dado que la amplitud del fenómeno vibratorio es la misma en los planos 1 y 2 y el ángulo de fase es 180º.

Posteriormente, el rotor fue desbalanceado adrede utilizando el disco central, obteniéndose las lecturas:

	Plano 1	Plano 2
Amplitud	0,098	0,005
Fase	230°	148°

Finalmente, se quitó el desbalanceo estático y se generó la cupla agregando masas iguales en los extremos del eje y desfasadas 180°. A continuación se muestran los resultados obtenidos:

	Plano 1	Plano 2
Amplitud	0,002	0,127
Fase	6,4°	340°

los cuales concuerdan con las perturbaciones adicionales introducidas.

8. Las máquinas de balanceo

En plantas industriales de producción en serie o en casos en los que se requiere un balanceo de gran precisión, es necesario trabajar con máquinas aptas para tal fin. En la Figura 26 se observa esquemáticamente una de estas máquinas.

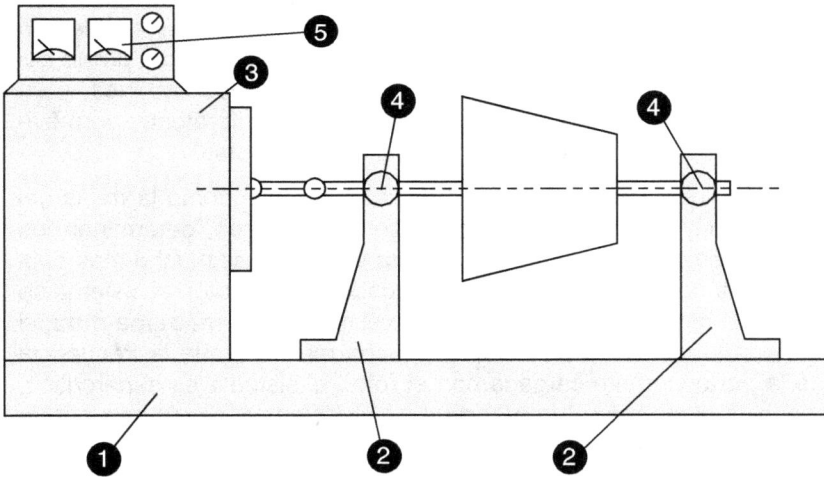

Figura 26: Esquema de una máquina balanceadora universal
1. Base, 2. Pedestales, 3. Mecanismo impulsor,
4. Sensores, 5. Unidades de medición

De acuerdo con la función a cumplir, las máquinas de balanceo se clasifican en universales o de un solo propósito. En las del primer tipo el eje es horizontal, mientras que en las del segundo puede ser vertical u horizontal según sea la tarea a cumplir.

Las máquinas pueden ser de operación manual, semiautomática o automática. En las primeras, todas las funciones deben ser ejecutadas por el operador, quien debe anotar los parámetros de desbalanceo medidos para efectuar los cálculos correspondientes. Las semiautomáticas indican los parámetros directamente y los almacenan hasta un nuevo arranque. El operador sólo debe montar el rotor y efectuar las correcciones indicadas por la máquina.

Las máquinas automáticas poseen una unidad de medición que determina los parámetros del desbalanceo y un mecanismo para efectuar la operación de balanceo. La unidad de medición mide en forma totalmente automática y controla el mecanismo de balanceo de acuerdo a los resultados de las mediciones. Esta unidad puede ser mecánica, eléctrica o una combinación de ambas, pero debido al rápido desarrollo de la electrónica y de la computación las fábricas de balanceadoras producen en la actualidad solamente máquinas equipadas con sistemas de medición electrónicos y computadoras para adquisición y procesamiento de datos [38].

Las unidades de impulsión y de medición se montan sobre la base o bancada de la máquina. Los pedestales son desplazables a lo largo de la bancada para ser inmovilizados a la distancia entre cojinetes del rotor a balancear. Los soportes de los cojinetes se encuentran suspendidos elásticamente en la parte superior de los pedestales y son fácilmente desplazables en sentido horizontal. Su altura se ajusta de acuerdo al diámetro del pivote del rotor. Los sensores vibratorios se encuentran sujetos a los soportes, y en algunas ocasiones se les suele agregar amortiguadores vibratorios para evitar, entre otros, el problema del pasaje lento por resonancias.

La rigidez de los soportes y de los transductores, así como la masa del rotor a balancear y la velocidad del proceso de balanceo, determinan los parámetros mecánicos de la máquina. Si esta velocidad es mucho más baja que la frecuencia natural de los soportes cargados con el rotor, el sistema se encuentra en condición subcrítica, recibiendo el nombre de **máquina dura**; si por el contrario la velocidad del rotor es mucho más alta que la frecuencia natural de la parte vibrante cargada con el rotor, el sistema es supercrítico, siendo conocida como **máquina blanda**. Las situaciones descriptas se grafican en las Figuras 27 a y b. Es interesante notar que mientras las máquinas blandas miden amplitud de desplazamiento por sus considerables oscilaciones, las duras miden fuerzas.

Los muñones del rotor descansan sobre dos rodillos de soporte ajustables verticalmente o sobre cojinetes prismáticos de plástico de cada cabezal.

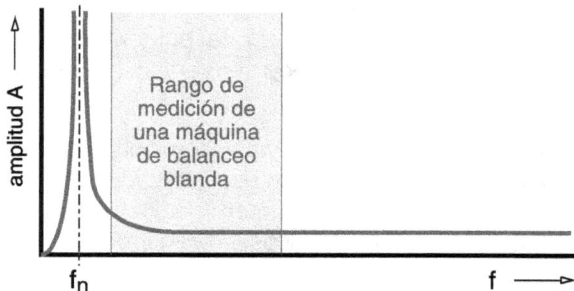

Figura 27a: Rango de medición de máquinas blandas

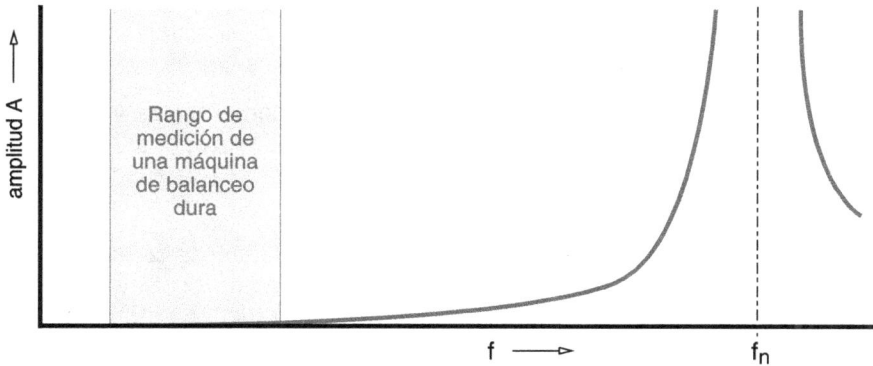

Figura 27b: Rango de medición de máquinas duras

En las máquinas del tipo blando, generalmente se usan sensores electrodinámicos, mientras que en las duras se utilizan los piezoeléctricos o los electrodinámicos con amplificación mecánica.

El rotor a balancear se hace girar por medio de un eje acoplado cardánicamente o de una correa. En el primer caso, pueden conectarse ejes de diferentes diámetros entre el eje impulsor y el rotor. En el segundo, la correa pasa sobre el lomo del rotor y es impulsada por un motor eléctrico situado debajo del mismo. En algunos casos se utiliza regulación electrónica de velocidad y en otros poleas de diferentes diámetros. Sólo en casos muy especiales se utilizan otros medios de impulsión como aire comprimido, campo magnético rotativo, fricción, etc.

La unidad electrónica de medición muestra la señal proveniente de los transductores (el voltaje es proporcional a la magnitud del desbalanceo) ya sea en forma analógica o digital.

La posición angular del desbalanceo es determinada por un medidor electrónico de fase que utiliza la señal proveniente de los transductores junto con una señal externa de referencia tomada del rotor (escala graduada, bandas blanca y negra, etc.). Este sistema comprende un filtro que selecciona de todas las componentes de la señal del transductor, sólo la que corresponde a la velocidad del rotor.

8.1 Desarrollo tecnológico de una máquina balanceadora

Las máquinas balanceadoras que se encuentran en el mercado presentan a menudo ciertos inconvenientes y limitaciones. En primer término, existe una limitación en cuanto a formas y dimensiones de rotores que pueden ser balanceados en una misma máquina. Los fabricantes aconsejan que en el caso de una máquina de balanceo que no esté destinada a un campo de uso claramente definido, la carga máxima sea de dos a tres veces el peso promedio de la mayoría de los rotores a equilibrar, lo que deriva en el inconveniente de la exclusión de los rotores que se encuentran fuera de esos límites.

Por otra parte, una máquina dura no puede trabajar como blanda y viceversa. Esto hace que existan limitaciones de orden práctico en cuanto a que, en posesión de una de ellas, queden excluidos los rotores que por sus características deberían equilibrarse con la otra.

Asimismo, dadas las características complejas de los detalles constructivos, lo que trae aparejado su alto costo, estas máquinas son de muy difícil construcción propia (aún en el caso de contar con la base teórico-práctica de conocimientos necesarios) o de adquisición por parte de pequeñas y medianas industrias.

Con el objeto de presentar una solución a estos inconvenientes, los autores desarrollaron la máquina balanceadora que se describe a continuación [39-40]. Se trata de un sistema mecánico no convencional cuya clasificación recae en la categoría de las máquinas de balanceo horizontales, las cuales son las de uso más difundido universalmente.

Las ventajas que presenta se basan en primer lugar en su versatilidad, dado que debido a la concepción de sus pedestales se adapta a cualquier forma y dimensión del rotor. Por otra parte, un original sistema de varillas combinables en paralelo permite variar la rigidez de los pedestales, haciendo que pueda trabajar como dura o blanda. En cuanto a la construcción, su simplificado diseño modular especialmente adaptado a materiales de fácil adquisición en el mercado local permite la construcción y montaje del conjunto en talleres con un mínimo de equipamiento y a muy bajo costo comparativo.

La Figura 28 muestra una perspectiva general de la máquina desarrollada. El rotor a equilibrar (1) es impulsado por el motor eléctrico de corriente continua y de velocidad variable (2) por medio de una correa plana (3). El rotor apoya sobre los rodillos de teflón (4) soportados por las varillas roscadas (5) de los pedestales (6), los cuales son desplazables horizontalmente a voluntad sobre los travesaños guías (7), al igual que el motor eléctrico de impulsión sobre el travesaño guía (8).La base (9) soporta los travesaños a través de los bastidores (10), los cuales se vinculan con los mismos por las bridas de fijación (11) mediante bulones

La estructura de soporte fue construida con perfiles normalizados de acero con sección en U de 90 mm de altura, soldados entre sí, al igual que los dos bastidores, los que se vinculan rígidamente a la base con bulones.

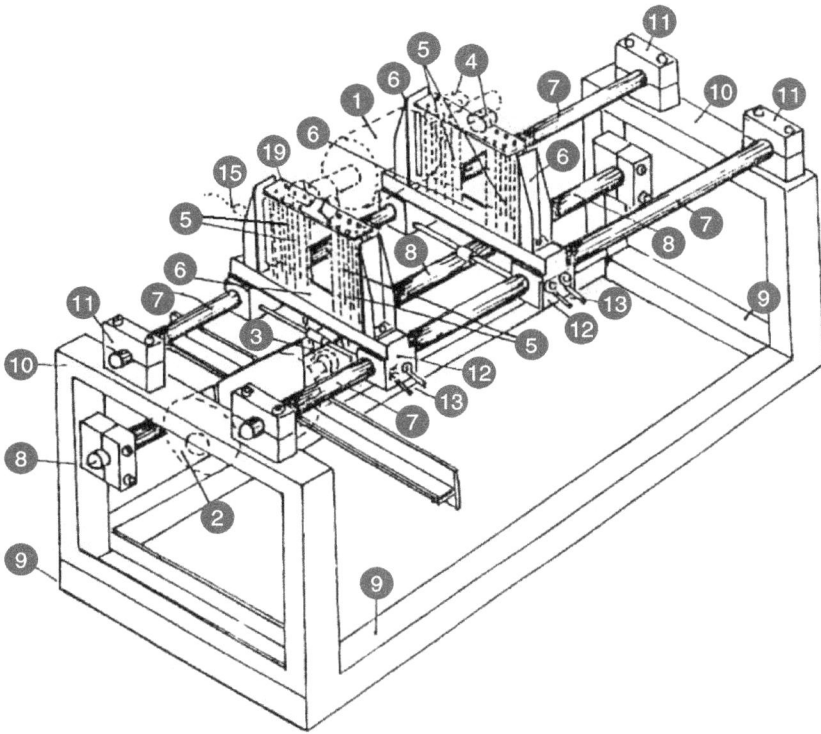

Figura 28: Perspectiva general de la máquina

Las dimensiones totales de esta estructura son: Longitud = 200 cm, Ancho = 80 cm y Altura = 100 cm.

Los tres travesaños guías se construyeron con acero trefilado de sección circular de 50 mm de diámetro, los que poseen suficiente rigidez como para evitar la flexión. Las bridas de fijación de los mismos son de acero dúctil.

Los pedestales, construidos con perfil U de acero, se vinculan a las guías mediante los bloques de fijación (12), los cuales se inmovilizan sobre las mismas utilizando las manivelas de ajuste (13).

Las varillas roscadas se sujetan firmemente con tuercas sobre la parte inferior de los pedestales, distribuyéndose en forma simétrica con respecto al plano transversal vertical por medio de los pedestales, de a pares, ordenadas de acuerdo con sus secciones decrecientes hacia el centro de los pedestales. Las varillas se vinculan, en la cantidad que sea necesaria para cada operación de balanceo, en sus extremos superiores con un soporte (14) construido con planchuela de acero y perforado idénticamente que la parte inferior del pedestal, lo que le permite desplazarse en sentido vertical a voluntad.

Este diseño permite:

a) la adaptación a la forma del rotor a equilibrar, mediante el desplazamiento vertical de los rodillos de apoyo del muñón del rotor solidariamente con el soporte, y

b) el cambio a voluntad de la constante elástica de resorte de los pedestales, ya sea vinculando entre sí mayor o menor número de varillas o desplazando el mismo verticalmente, pudiéndose lograr de esta forma las condiciones de trabajo de una máquina dura o blanda en correspondencia con el peso del rotor a equilibrar y la conveniencia del caso.

Durante el proceso de balanceo, el desequilibrio del rotor provoca el movimiento alternativo de los soportes en el plano de cada uno de los pedestales. Este movimiento es transformado en una señal eléctrica por los transductores (15), la cual es procesada por el instrumento electrónico de medición que se desee utilizar [41].

9. Calidad del Balanceo

Como ya se ha dicho, todo rotor posee un cierto desbalanceo. Cuando se lo balancea, el propósito no es obtener un rotor "perfectamente balanceado", ya que siempre es permisible un cierto desbalanceo residual. Por razones económicas, nunca debe balancearse más de lo que indique la tolerancia establecida.

Resulta obvio que no se puede evaluar individualmente cada uno de los infinitos rotores que deben balancearse en la práctica para determinar su tolerancia apropiada (balanceo residual permisible). Por tal motivo, surge la necesidad de contar con una norma por la cual puedan evaluarse rotores desde menos de un gramo (utilizados en relojería) hasta 400 toneladas (turbina de baja presión de una planta de generación atómica) como también husillos de máquinas herramientas que giran a 100 r.p.m., giróscopos que lo hacen a 40.000 r.p.m. y turbinas para uso odontológico de más de 500.000 r.p.m.

Es así que la Referencia 19 abarca el tema referido a la calidad de balanceo, aportando recomendaciones (no especificaciones compulsivas) que evitan la comisión de errores gruesos al especificar tolerancias. Comienza estableciendo los siguientes criterios sobre los cuales se basan sus recomendaciones:

a) Relación entre la masa del rotor y el desbalanceo residual permisibles:

En general, cuanto más masa (M) posee un rotor, mayor es el desbalanceo permisible (U_{per}), por lo cual el desbalanceo específico permisible puede ser expresado (ver Apartado 3) como:

$$\varepsilon_{per} = U_{per} \Big/ M$$

b) Relación entre la velocidad de servicio y el desbalanceo residual permisible:

La experiencia práctica (evaluación estadística de roturas) demuestra que para rotores idénticos, el desbalanceo residual específico permisible es inversamente proporcional a la velocidad de rotación ω. Según datos estadísticos empíricos, la relación puede expresarse como:

$$\varepsilon_{per}\ \omega = constante$$

donde $\varepsilon\ \omega$ es la velocidad del centro de masas.

Esta relación se ve corroborada por consideraciones prácticas basadas

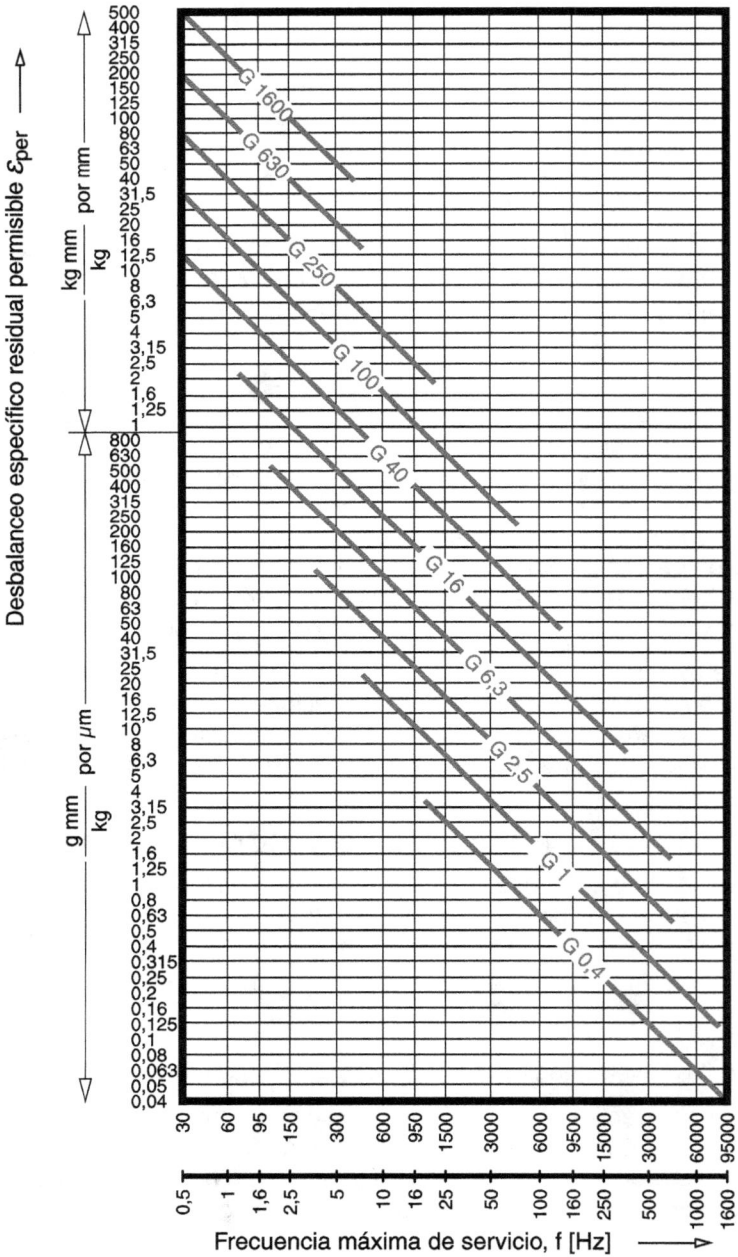

Figura 29: Desbalanceo específico residual máximo en función de la máxima velocidad de servicio para diferentes grados de calidad G

en las leyes de semejanza mecánica, teniendo en cuenta que para rotores semejantes geométricamente, rotando a velocidades periféricas idénticas, las tensiones en los rotores y las cargas específicas en los cojinetes (si se los considera rígidos) son las mismas si el valor $\varepsilon\,\omega$ se mantiene constante.

Los grados de calidad de balanceo que se establecen a continuación se basan en esta relación.

9.1 Grados de calidad

Si bien puede calcularse cualquier valor de $\varepsilon_{per}\,\omega$, por razones de simplicidad la norma especifica una serie de números separados por el factor 2,5. Los grados de calidad individuales se designan con la letra G seguida del valor numérico de $\varepsilon_{per}\,\omega$ expresado en *mm/seg*, por ejemplo $G\,16$.

Cada grado de calidad define una región de desbalanceo residual permisible desde el cero hasta cierta magnitud dada por el valor del producto $\varepsilon_{per}\,\omega$. En la Figura 29 se ilustran los valores límites superiores de ε_{per} para diferentes grados de calidad en función de la máxima velocidad de servicio.

A modo de ejemplo determinaremos el valor del desbalanceo específico permitido correspondiente al grado de calidad $G\,16$, si la velocidad de trabajo es $n = 6000\,RPM$. Ubicando el valor de n en el eje de abscisas se traza una vertical hasta interceptar la línea oblicua identificada como $G\,16$ y luego se proyecta el punto de intersección sobre el eje vertical, obteniéndose un valor de ε_{per} de *25 μm*. El mismo resultado puede obtenerse con un sencillo cálculo sabiendo que el grado de calidad $G\,16$ significa que la velocidad permitida del centro de masas es $v_{per}=16\,mm/seg$, por lo que:

$$\varepsilon_{per} = \frac{v_{per}}{\pi/30\ 6000} = 0{,}0254\ mm = 25{,}4\mu m$$

La distribución sobre el rotor del valor permisible de desbalanceo permanente depende de la forma del mismo. Las Referencias 1 y 3 proveen un detallado análisis de las distribuciones más convenientes.

9.2 Clasificación de los rotores rígidos

En la Tabla 1 detallada más adelante. se han agrupado los tipos de rotores más comunes de acuerdo con los diferentes grados de calidad. Esta clasificación representa una recomendación basada en la experiencia. La adopción de estos valores conduce generalmente a una buena probabilidad de lograr un funcionamiento suave de la máquina.

Algunos rotores están listados bajo varios grados de calidad, dependiendo de su aplicación, por ejemplo, los motores eléctricos se encuentran en los grados *G 6,3, G 2,5* y *G 1*.

Es importante no perder de vista que esta clasificación constituye solamente una recomendación, la cual debería ayudar a evitar deficiencias groseras, requerimientos exagerados, etc., pudiendo ser tomada como un punto de partida para la determinación de la calidad de desbalanceo apropiada para un rotor particular.

También es importante tener en cuenta que el desbalanceo residual permisible debe ser dividido de acuerdo con la distribución de la masa del rotor, es decir, su forma. En efecto, mientras que en rotores tipo disco el balanceo se efectúa en un único plano en rotores que requieren dos planos de corrección suele tomarse la mitad del desbalanceo residual permisible en cada plano (siempre que el centro de gravedad se encuentre en el tercio central de la distancia entre cojinetes y que los planos de corrección equidisten aproximadamente del centro de gravedad).

Para formas más complejas, como rotores en voladizo y planos de corrección muy separados o muy cercanos, deben satisfacerse criterios adicionales [3].

Tabla 1 - Agrupamiento de rotores rígidos		
Grados de calidad	$\varepsilon_{per}\,\omega$ [mm/seg]	**Rotores de máquinas** (ejemplos)
Ninguno	> 1600	Cigüeñales de motores marinos pequeños con número impar de cilindros y montados rígidamente.
G 1600	1600	Cigüeñales de grandes motores bicilíndricos montados rígidamente.
G 630	630	Cigüeñales de grandes motores de cuatro ciclos montados rígidamente y de motores diesel marinos montados elásticamente.
G 250	250	Cigüeñales de motores diesel veloces de cuatro ciclos montados rígidamente.
G 100	100	Cigüeñales de motores diesel veloces con seis o más cilindros. Motores completos (nafteros o diesel) para autos, camiones y locomotoras.
G 40	40	Ruedas de autos, llantas de ruedas, ejes motores. Cigüeñales de motores veloces de cuatro cilindros montados elásticamente (nafteros o diesel) con 6 ó más cilindros. Cigüeñales de motores de autos, camiones y locomotoras.

Tabla 1 - Agrupamiento de rotores rígidos (Cont.)		
Grados de calidad	$\varepsilon_{per}\,\omega$ [mm/seg]	Rotores de máquinas (ejemplos)
G 16	16	Ejes motores (propulsores, cardan) con requerimientos especiales. Máquinas trituradoras. Partes de maquinaria agrícola. Componentes individuales de motores (nafteros o diesel) para autos, camiones y locomotoras. Cigüeñales de motores con 6 ó más cilindros bajo requerimientos especiales.
G 6.3	6.3	Partes de máquinas de plantas de proceso. Mecanismos de turbinas marinas principales (servicio mercante). Tambores centrífugos. Ventiladores. Impulsores de bombas. Partes de máquinas herramientas y maquinaria general. Armaduras eléctricas normales. Componentes individuales de motores bajo requerimientos especiales.
G 2.5	2.5	Turbinas de vapor y de gas, incluyendo turbinas marinas principales (servicio mercante). Rotores rígidos de turbogeneradores. Rotores. Turbocompresores. Impulsores de máquinas herramientas. Armaduras eléctricas medianas y grandes con requerimientos especiales. Armaduras eléctricas pequeñas. Bombas impulsadas con turbina.
G 1	1	Impulsores de grabadores y equipos de audio y vídeo. Impulsores de amoladoras. Armaduras eléctricas con requerimientos especiales.
G 0.4	0.4	Husillos, discos y armaduras de amoladoras de precisión. Giróscopos.

9.3 Determinación del desbalanceo residual

Si las características de la máquina balanceadora no permiten medir el desbalanceo residual con precisión suficiente (aproximadamente 10%), puede utilizarse el siguiente método:

Se adosa al rotor una masa de prueba de desbalanceo equivalente a 5 ó 10 veces la magnitud del desbalanceo residual estimado en posiciones angulares diferentes. Con el objeto de evitar la dispersión de las mediciones, es conveniente elegir ocho posiciones angulares igualmente espaciadas (es decir, cada 45º). Los valores de desbalanceo obtenidos son luego graficados en sus posiciones angulares respectivas, como se indica en la Figura30.

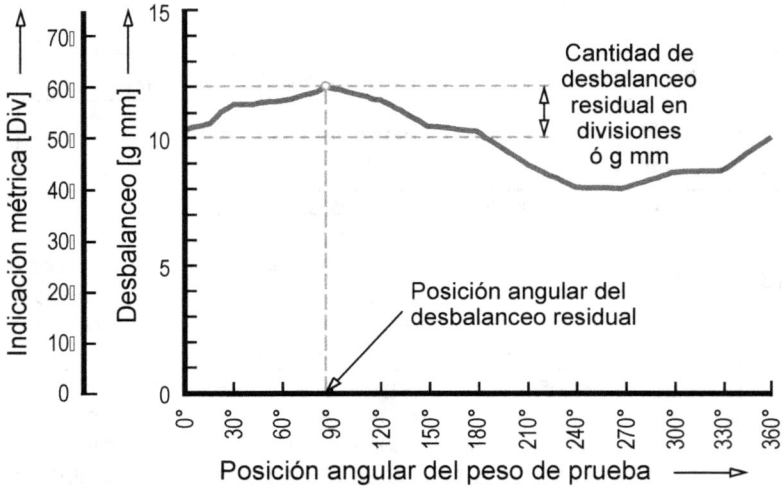

Figura 30: Gráficos de los valores medidos para determinar el desbalanceo residual en un plano

La gráfica que une estos puntos debe aproximar a una sinusoide. La media aritmética de las lecturas a escala conduce a la línea horizontal de la Figura 30, la cual puede ser utilizada como una medida del desbalanceo de prueba, mientras que la amplitud de la curva sinusoidal es la medida del desbalanceo residual verdadero. Si no se obtiene una curva del tipo sinusoidal, puede suponerse que el desbalanceo residual existente ya está por debajo del límite de reproducibilidad.

Si la linealidad de la escala de lecturas está cuestionada, puede repetirse la secuencia con un desbalanceo de prueba reducido (o aumentado) por la cantidad de desbalanceo residual estimado. La relación entre las dos curvas senoidales (es decir, la diferencia en el valor recomendado en cada posición angular) conduce a un criterio más confiable. Esta prueba debe efectuarse separadamente para los dos planos de corrección.

10. Referencias

1. Lipovski G., Solyomvari K., Varga G., <u>Vibration Testing of Machines and their Maintenance</u>, Elsevier, 1990.

2. Buzzi L., <u>Equilibratura</u>, Edizioni CEMB SPA, 1971.

3. Schneider H., <u>Balancing Technique</u>. SCHENCK A.G., 1977.

4. Den Hartog J.P., <u>Mecánica de las Vibraciones</u>, CECSA, 1978.

5. Thompson W.T., <u>Vibration theory and applications</u>, Prentice Hall, 1965.

6. Harris C.M. y Crede C.E., <u>The Shock and Vibration Handbook</u>, Mc Graw Hill, 1976.

7. Maedel P.H. y Feldman S., Criteria for balancing of rotating machinery; Seminar Proceedings, Balancing of rotating machinery, Vibration Institute, Houston, EE.UU., 1980.

8. Fagerstrom W.B., Balance calculations using a pocket programmable calculator; Seminar Proceedings, Balancing of rotating machinery, Vibration Institute, Houston, EE.UU., 1980.

9. Foiles W.C. y Bently D.E., Balancing with phase only; Journal of Vibration, Acoustics, Stress and Reliability in Design, Vol. 110, 1988.

10. Ercoli, L. y La Malfa S., Analytical and experimental model for teaching the Single-plane balancing machine; Int. Journal of Mechanical Engineering Education, Vol. 18, N° 4, 257-261, 1990.

11. La Malfa S. y Pombo J.L., Experimental determination of the static and couple unbalances in rotating systems; Proceedings Seminar in Balancing Alignment of Rotating Machinery, Vibration Institute, Houston, EE.UU, 1983.

12. Ramamurti V., Anantaraman K.V., Two plane in-situ balancing; Journal of Sound and Vibration 134 (2), 343-352, 1989.

13. IRD MECHANALYSIS, In place balancing of rotating machinery; Technical paper N° 105, 1975.

14. Buzzi L., Equilibratura in condizioni di servizio; CEMB SPA, Fascicolo N° 20, 1985.

15. Shenck C., Balancing Practice, Vols. 1 a 12, Schenck AG, 1976.

16. Tektronix, Balancing Rotating Machinery, 1975.

17. Bently Nevada, The self-balancing capability of rotating machines; Application Note 200, 1979.

18. Bruel and Kjaer, Unbalance, Technical Report 006-82, 1982.

19. Vibration Specialty Corp., Balance: When and Why; Fact Sheet, 1980.

20. International Organization for Standardization, Balance quality of rotating rigid bodies, ISO 1940/1, 1973.

21. International Organization for Standardization, Demands on the matter of quality when balancing rigid rotors, ISO 1940/1, 1986.

22. International Organization for Standardization, Balancing Machines-Description and Evaluation, ISO 2953, 1973.

23. Ercoli, L; Esteva J. y Paladino J., Banco de normas sobre acústica y vibraciones mecánicas, Facultad Regional Bahía Blanca, 1991.

24. Schenck, Basis of Balancing Technique 1, 1980.

25. Ercoli L. y La Malfa, S., Theoretical and experimental analysis of the single-plane balancing technique, The 1984 Advanced Maintenance Technology and Diagnostic Techniques Convention, Londres, Set 4-7, 1984.

26. IRD Mechanalysis, Balancing Program Instructions for HP41C programmable calculator, Application Report N° 117, 1984.

27. La Malfa S., Ercoli L. y Pombo J.L., Two simple techniques for single-plane balancing; Proceedings Seminar Balancing of Rotating Machinery, The Vibration Institute, EE.UU. 1984

28. Pombo J.L., La Malfa S. y Laura P.A.A., Implementation of predictive maintenance by means of the machinery vibration analysis in an industry of the zone, Publicación IMA N° 77-23, 1977.

29. Broch H.T., Mechanical Vibrations and Shock Measurements, Bruel & Kjaer, 1980.

30. Jackson C., Demonstration of single plane and two plane balancing, Balancing of Rotating Machinery Seminar Proceedings, The Vibration Institute, EE.UU, 1980.

31. IRD Mechanalysis Inc., A mathematical solution to a two plane balancing problem, Application Note, 1974.

32. Randall R.B., <u>Application of B&K Equipment to Frequency Analysis</u>, Bruel & Kjaer 1977.

33. Gutiérrez R.H. y Ercoli L.; Programación de P.C. para balanceo en dos planos; Grupo Análisis de Sistemas Mecánicos - Universidad Tecnológica Nacional. Facultad Regional Bahía Blanca, 1989.

34. Ercoli L., La Malfa S., Vera C., Girón P.; Desarrollo tecnológico adaptativo para balanceo estático y dinámico de rotores. IV Congreso Iberoamericano de Ingeniería Mecánica, Chile, 1999.

35. Thearle E.L., Dynamic balancing of rotating machinery in the field; ASME Trans., Vol. 56, 1934.

36. IRD Mechanalysis Inc., Vector Calculations for two plane balancing; Application Report N° 327, 1974.

37. Csokmay J.M., Rotor balancing by static-couple derivation. Seminar: Balancing of Rotating Machinery, The Vibration Institute, Houston, EE.UU., Febrero 26-28, 1980.

38. Hassan G. A., New approach for computer-aided static and dynamic balancing of rigid rotors; Journal of Sound an Vibration 179 (5), 749 - 761, 1995.

39. La Malfa S., Ercoli L., Universidad Tecnológica Nacional, Máquina balanceadora horizontal para rotores industriales, Patente de Invención N° 247633, Dirección Nac. de la Propiedad Industrial, 1995.

40. Ercoli L., La Malfa S.; The development of a Dynamic Balancing Machine. The International Journal of Mechanical Engineering Education 26 (2); 149-155, 1998.

41. La Malfa S., Ercoli L.; Aplicaciones de un transductor en base a infrarrojo en el análisis dinámico de sistemas mecánicos: balanceo de rotores. II Congreso Iberoamericano de Ingeniería Mecánica, Brasil, 1995.

11. Agradecimientos

Los autores reconocen la labor pionera y el aporte a la presente obra del ingeniero José L. Pombo.

También agradecen, por la colaboración prestada durante la etapa de edición, a la Sra. Stella Alzola y al Sr. Federico Namuz.

www.ingramcontent.com/pod-product-compliance
Lightning Source LLC
Chambersburg PA
CBHW070931270326
41927CB00011B/2812